自信

jishin

confidence

自己効力感を高め仕事に成功する秘訣

林 伸二
HAYASHI SHINJI

風詠社

目次

V

「特定の自信」を強める実践的方法　166

自信

―自己効力感を高め仕事に成功する秘訣―

はじめに

「自信は成功の秘訣。空想は失敗のもと」。これは岩崎弥太郎（土佐藩出身で、政治家と強く結びつき官制事業や海運業で財を成した幕末から明治にかけての豪商、三菱財閥創業者）の言葉です。彼は言う。「自信は成功の秘訣であるが、空想は敗事の源泉である。ゆえに事業は必成を期しうるものを選び、いったん始めたならば百難にたわまず勇往邁進して、必ずこれを大成しなければならぬ」(36)。

本田宗一郎（自動車メーカー、ホンダの創業者）は、事業成功の鍵は「諦めないことだ」と言う。「私の成功は、一度も失敗しないことではなく、倒れるごとに立ち上がったことにある」(36)。倒れるごとに立ち上がるのは、自分という人間に自信があるからです。やればできる、必ずできるという強い信念があったからです。彼は言う。「耐える心に、新たな力が湧くものだ。すべてそれからである。失敗すれば、心機一転、やり直せばよいのである」。「人はみんな失敗を恐れる。だから成功のチャンスも少ないのである」。彼は、事業に成功するには失敗を恐れず果敢に挑戦し、上手くいかなくても諦めずに、我慢をして、失敗を恐れずに挑戦し続けることだという。

成功するか失敗してしまうかを決めるのは３つの要因でしょう。成功する人には次のような傾向があるようです。

・強い自信
・目標に向かっての高い集中力
・強い忍耐力（あきらめないこと、我慢強いこと）

岩崎も本田も、事業成功の鍵としてとりわけ重視するのは、強い自信と忍耐力です。

ちなみに成功というのは、目的あるいは目標を達成することです。さらに、その結果として、名声（名誉、評価、評判）、富、地位を得ることも指します。まさに岩崎も本田も成功者です。しかし我々は日常生活のさまざまな活動や場面で小さいながらも成功感（達成感）を味わっています。じつはそれも運とか偶然でない限りは、やれる、あるいはやれるだろうという自信と、やり遂げようとする忍耐力によるものなのです。

自信がない人、弱い人は、最初の第一歩がなかなか踏み出せないとか、失敗を恐れ積極的に行動できない、周囲の目や評価を気にしすぎたり、周囲の批判や非難また意見の食い違いや対立に過剰に反応する、自分の考えや意見をはっきり主張できない、ネガティブな口癖や思考さらにはマイナス・イメージの発想が強い、愚痴が多い、自慢話が多い、頑張りすぎる傾向が強いなど、少なくとも18の典型的な行動を示します。これらはすべて失敗の元になります。

それでは、自信はどうしたら強めることができるのでしょうか。本書は、その具体的な方法を提示します。

そもそも、自信という気持ちないしは意識が人格の中で大きな位置を占めていることを明らかにした著名な心理学者として、まずフロイトとエリクソンが挙げられるでしょう（25頁の注１）。フロイトはエディプス期（５〜６歳）に自信が作られてくる、エリクソンは「勤勉」対「劣等感」の葛藤期（児童期後期：６〜12歳）に作られるといいます。エリクソンは１９５９年に出版した代表作『Identity and the Life Cycle』の中で「人間の人格はあらかじめ決まった８つの段階に沿って発達していく。その発達は遺伝の影響と、環境からの影響、そして両者の相互作用に基づいて行われる」と主張しています（11、14）。人は、各発達段階で遭遇する危機を克服していくたびに高まっていくアイデンティティ（１４６−１４８頁参照）によって、自己確信（self-certainty）が強固なものとなっていくという。自己確信は信頼感（意識）と直接の相互作用関係にあります。自己確信が強いと、自分自身に対する信頼感（自信）と人に対する信頼感も強まり、また信頼感が強まると自己確信も強くなっていきます。この自己確信が弱いと、２つの感情に強い負の作用をするといいます。１つは低い自己評価、つまり自分を過小評価してしまう、卑下する、恥じる。もう１つは強い疑惑（自分を脅かすのではないか、脅かされているのではないかという恐怖感）です。これらを克服するためには、自己確信を高めることだといいます。つまり人はアイデンティティが強く形成されると、自己確信も強まり、その結果、人に対する信頼感と自分自身に対する信頼感も強まってくる。その結果、自分の過小評価や人への疑念というネガティブな感情が緩和される、弱まるのです。要するに、エリクソンによれば、自信の強さは、その人がアイデンティティのどの形成状態（達成、早期完了、モラトリアム、拡散の状態（17）にあるのかによって決まるのです。たとえば、アイデンティティがモラトリアムや拡散の状態の人は、自信が弱いあるいは、ない人なのです。

この自信を「自己効力」（self-efficacy）という概念で、世界で初めて本格的に操作化したのが、バンデューラです。彼によれば、人は成功するには、自らの力を信頼し「自分にはやれる」と思い（信じ）、努力し続けることが最も大事なことなのです。

本書で提示した各種の測定手法や強化方法は、欧米で開発された理論や研究成果、そして我が国の産業界の実情などをベースに、筆者が開発したものです。したがって読者には、それらを活用したい会社や組織、職場の特徴に応じて、測定手法や強化方法の項目を修正・活用し、それらの意義を確認して頂ければ、幸いです。

ちなみに本書は、働いている人（とりわけキャリア・アップやスキル・アップを考えている人、転職・独立を考えている人、非正規社員）、そしてこれから働く人（高校・大学生、学卒者、求職者）を対象に執筆しました。しかも、そういった人の周囲の人たち（親、教師など）や、自信やアイデンティティ、仕事・生活の不安・ストレス、対人関係などに悩んでいる人たちにも是非読んでいただきたいと思います。

本書が特に主張したいことは、次の2点です。

・働く人は、自信を強めることによって、心身ともに健康になり、ものごとに積極的に取り組み、楽しい充実した幸せな生活を送ることができます

・会社や官公庁、学校、医療機関などの組織は、従業員の仕事への意欲的な取り組みを通じて、生産性の向上が期待できます

最後に、前著『自立力－思春期　青年期の問題と、その解決策－』と、本書の出版にあたり㈱風詠社　代表取締役大杉剛氏に誠心からのご厚意とご配慮を戴きました。とりわけ氏からは卓越した編集の意欲と能力を戴きました。本当に衷心より感謝を申し上げます。

I　自信とは

自信

　われわれが普通使っている自信という言葉は、正確には自己効力（self-efficacy）と言います。これはバンデューラ（Bandura,A.：現代の社会学習理論の父と呼ばれる（本節末の注２））が１９７７年に開発した概念で「自分は、良い結果（成績、成果）に繋がる（生む）行動を取る（行う）ことができる、あるいは能力があるという強い気持ちないしは信念」のことです[18]。つまり自己効力というのは、自分がすでに持っている知識やスキルそのものではなく、それを用いて自分には何がどの程度できるのかという自分自身の判断（力）のことなのです。しかも自己効力の判断や表現に関しては、日本人は欧米人や中国人よりも低い、乏しいと考えられます。これは文化の違いによるものと考えられます。

　自己効力には次の２つがあります。

・一般的自己効力（感）

　何かを行うとか、やり遂げようとする状況で、一般的にいって、自分がそのためのコンピテンス（実際にそれをやれる能力と、やろうとするモティベーション）をどの程度持っているだろうかについて自覚している状態（強い気持ちをどのくらい持っているのか）を指します。つまり一般的なセルフ・コンピテンスに関する強い気持ちもしくは信念のことです。

・特定自己効力（感）

ある特定の能力が必要とされる問題（課題）状況で、自分がそれをどの程度達成（解決）できると自覚しているのか（強い気持ちを持っているのか）を指します。これは過去の成功と失敗に強く影響されます。しかもバンデューラは「ある特定の状況で特定自己効力がいったん作り上げられると、それは他の状況へと一般化される傾向がある」という。

この２つの自己効力には相互作用の関係があります。一般的自己効力が強いと、特定自己効力も強くなる。また特定自己効力が強くなると、一般的自己効力も強くなる可能性が期待できます。しかし、ある特定の分野や活動に関して強い自己効力を持っているにも関わらず、一般的自己効力の弱い人もいます。こういう人は、持っている特定自己効力がまだ一般的自己効力の強化に繋がるほどに強くないのか、あるいは他の活動領域で強い劣等感があるのか、さらには自分という人間がよく分かっていないとか自分という人間に自信がないといったアイデンティティの弱さあるいは未確立があるのかもしれません。

自信の４つの源泉

バンデューラによれば、この自己効力（感）を強める（高める）には、次の4つの源泉があります[18]。

・行動遂行（試行錯誤あるいは成功失敗体験）

実際に自分でやってみて、成功や失敗を直接体験してみること。つまり自分が仕事で成功していることを知っているということは、自分の仕事遂行能力が高いことに関して、間違いがない証拠なのです。

・観察学習（代理学習、代理経験）

人が成功している、失敗しているのを観察することによって、それを学習すること。つまり、人が成功しているのを観察して、それを学習すれば、自分も成功する可能性が高い。これは、訓練における行動モデリングの有効性の基礎です。つまり、最も重要な訓練手法なのです。

・言語的説得

自分が信頼している人や高い評価を置いている人からの「君ならできる」という言葉で、自分は成功できると確信すること

・情動喚起（情緒的または生理的な快感・不快感の知覚）

何かをやり遂げたり、良い結果を出したことで人は達成感や満足感、高揚感などを感じます。

そこでそういう気持ちを再度得たいために、ものごとに挑戦しようとします。そしてまた、そのようなポジティブな感情を得たら、さらに自己効力感が高まっていきます。つまり、自分自身の有能さや長所などを判断するうえで拠り所になるような情緒的また生理的な変化を自覚すること

自己効力理論と、その二大特徴

自己効力理論というのは自己効力の形成とその効果のプロセスやメカニズムを解明する理論のことです。

バンデューラは、人間の行動は効力期待と結果期待によって正確に予測できると考えました(18)。

・効力期待というのは、自己効力に関する自分の判断のことです。

・結果期待というのは、自分の行動の結果に関する判断のことです。主として、自分の行動の成果を他人がどのように受け止め、認めてくれるのだろうかということについての、期待的な判断のことです。

つまり人はある行動を起こそう（行おう）とする際には、「自分はその行動をこの程度行うことができるだろう。その結果、どういう成果が得られるだろう」と予測します。もし自分が

図表1　自己効力理論に基づく人間行動プロセス

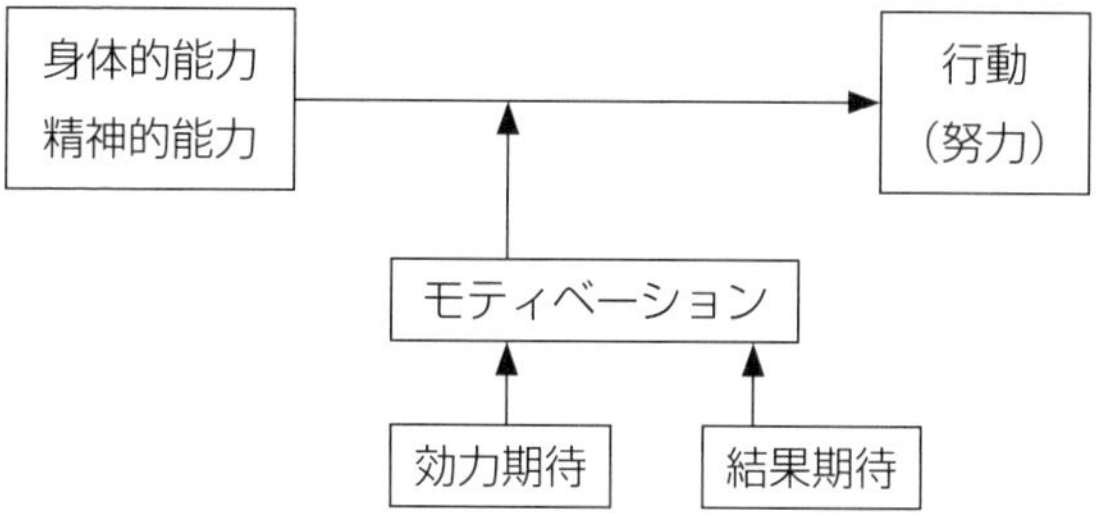

今の体力からしても問題解決・処理能力からしても十分やれると思う行動（効力期待が高い行動）であっても、それが自分にとって魅力的でない、もしくは価値のない成果（結果期待が低い成果）をもたらすのであれば、その行動をしようとしないのです。

他方、ある行動に関して効力期待は低いが、高い結果期待が予想されると思うと、一か八かやってみようとする場合もあります。

しかし人が行動を起こす最大の原因は、正確に言えば、行動を起こそうという意欲（モティベーション）であり、それを決めるのが効力期待と結果期待です（図表1）。普通、人は自分にそれをやり遂げる力がないと思うと、たとえいかに魅力的な報酬（周囲の人たちからの高い称賛、高い金銭的報酬、強い達成感の獲得、など）が期待できても、誰もそれをしようという気持ちになりません。誰しも失敗して他人に嘲笑されたり馬鹿にされたり、屈辱感や劣等感を感じたりしたくありません。自己肯定感は最低限守りたいのです。

自己効力理論の詳細は林（18）をご覧下さい。

自己効力理論の特徴としては次の6つが挙げられています（50）。この理論では、

・人間はあくまでも社会の中で学習し、成長していくと考えます。だから、一般的に言って、本人の遺伝的な学習能力を別にすれば、社会の中で生きていく上で他者やモノ、コトと密接な関係を持っている人ほど、学習能力が高くなります。

・人は2つの方法（行動遂行、代理学習（観察学習））で学習していきますが、その中でも、代理学習をとりわけ重視します。

・自己効力感の概念を実証的に検討して確立し、臨床に適用している。

・人間の行動を喚起したり強めたり弱めたりするうえで、従来はモティベーションの働きが重視されてきましたが、バンデューラはその人の主体的な認知過程（自分の能力や可能性についての自身の判断ないし認知）をより重視します。だから情報（とくに自ら直接体験したり、他者の行動を観察して得た情報や、親や周囲の人たちから与えられた情報）を通じて認知過程を変えることができれば、人の行動がコントロールできるようになります。

・情報伝達手段として、メディアの影響を非常に重視します。

・社会学習の方法が文化によって異なる可能性を明らかにしています。異文化間の社会的学習の相違に関する問題です。しかも文化を下位文化に置き換えて考えると、たとえば会社がそれぞれ独自の文化を持っていると仮定すれば、会社間で社員の社会学習に仕方も内容、程度も異なります。

しかし、とりわけ代表的な特徴としては次の2つでしょう。

1．幸せな生活を実現する大きな原動力は自信を持つことだと考えます。人々が幸せな生活を送っているかどうかを判断するうえで、さまざまな生活活動のそれぞれの局面が客観的にうまくいっているのか、どうであるのかを理解することよりも、その人がその局面において「自分は何ができるのか、そしてそれがどんな結果を生むのかについて認識し信じていること」の方が重要であり、大きな意味を持つ。

2．自己効力概念は実践的な問題解決能力を持っています。自己効力理論は、急速な社会的・技術的変化で激動する社会状況の下で人々が心理的な幸福感や達成感を実現していくために適切に行動していくうえでの、環境の選択、構成、管理する方法を明らかにすることができます。

自己効力理論が適用・解決している問題領域

現在、自己効力理論はさまざまな問題の解決に用いられています。たとえば幼児教育のあり方、若者の社会的不適応・アイデンティティの欠如の改善、いじめやハラスメントの解決、高齢者の健康な生活の維持、薬物依存治療、医療や予防医学の現場など（3）。

スポーツの分野では、自己効力を高めることによって、身体能力とスタミナを強め、成績を高めたり抑えたりすることができた（12）。イギリス人の男性アマチュア・ゴルファーの成績を調べた研究（38）では、ゴルフでストレス（技術的な問題や競技のプレッシャー、対人関係による）を感じていない人ほど、また社会的支援（激励や建設的な批判、練習やその時間捻出の支援、など）を強く感じている人ほど、成績が良かった。またストレスを強く感じている人の場合、社会的支援を強く感じるほど、成績が向上した。とくに最強の関係だが、ゴルフ自己効力が強くなるほど、成績が良くなった。しかも社会的支援が強くストレスが低くなるほど、ゴルフ自己効力が強くなった。

また社会福祉の分野では、米国とスペインの63～92歳の高齢者を調べた研究（38）で、水泳やウオーキング、エクササイズなどの運動で身体的自己効力（体力の自信）の強い人ほど、体力維持のための活動や社会的活動（地域の老人会、教会主催のイベント、家族や友人たちとのショッピング、など）に積極的に参加していた。

軍隊では、教育訓練は組織コミットメントと、身体的自己効力、勉学自己効力を高めた。ただしサンプルは米国海軍新兵訓練で実施された社会化訓練（軍隊生活に適応させるための儀礼、安全、チームワーク、などを８週間で教えるプログラム）を受けた６６６名（平均年齢19・84歳、男３６８名）（48）。

産業界では、すでに自己効力を高めることによって、以下のようにさまざまな効果が発見されています（4、7、12、13、29、33、35、40、48）。

特定自己効力が影響を与える要因としては、

・仕事自己効力の高い人は、適切な能力とスキルが備わっていれば、職務行動で成功できる
・仕事自己効力の向上が仕事意欲を高め、業績を向上させた
・仕事自己効力の向上が仕事での挑戦的な態度を強めた
・仕事自己効力の向上が教育訓練後の人事異動（配置）の適正さを高めた
・仕事自己効力は職務満足と離職の意志を非常に強く決定していたが、組織コミットメントには関係がなかった
・仕事自己効力が強くなると、職務満足が低下した。しかしこれは報酬公正感（自分の努力応じた適正な報酬で満足する）の強い人に見られた。公正感の低い人の場合は、仕事自己効力が強くなっても職務満足には変化が見られなかった
・仕事自己効力の向上が欠勤率を下げ、出勤率を高めた
・仕事自己効力の向上が訓練成績を高めた
　コンピュータ・ソフトの操作訓練、対人スキルの向上訓練において。
・職務探求自己効力（職探しの自信）は、大学生の場合、面接の合否、採用決定、自分に合った仕事に就くことに強い影響を与えていた

・職務探求自己効力の向上は失業者の自己効力訓練の効果を高めて、再雇用を促進させた

一般的自己効力が影響を与える要因としては、

・一般的自己効力は、次の要因を高める・強めることによって、職務業績を高めた
仕事自己効力、目標の自己設定、職務努力、行動意欲、メタ認知。また一般的自己効力と強い相関があると考えられる一般的自己価値感は、次の要因を改善あるいは高めることによって、職務業績を高めた。不安、ネガティブな感情、仕事に関わる自己価値感。

・一般的自己効力、自己価値感、環境支配性向（ロッターが開発したインターナル－エクスターナル　ローカス・オブ・コントロール）、神経症はそれぞれ独立して職務満足と有意な相関があった

・一般的自己効力は、自己価値感よりも強い仕事モティベーションの決定要因であった

・一般的自己効力は職務業績を高め、その結果、職務満足を高めた

・一般的自己効力の高い人は困難な問題も適切に処理し、たとえ失敗しても頑張り続ける。その結果、成功をおさめ、大きな職務満足を得ることができた

・一般的自己効力は昇進と強い正の相関があった

・一般的自己効力が高い人ほど、転職回数が多かった

・一般的自己効力が高い人ほど、解雇された回数が多かった

・一般的自己効力あるいは特定自己効力を高めると、社会的支援によってさまざまな要因（ストレス緩和、健康促進活動、精神的健康、幸せ感、病気、死亡率、職務業績など）が改善・向上した

自己効力に影響を与える要因としては、

・仕事自己効力は仕事目標の設定、目標達成の努力、仕事業績と強い正の相関があったが、報酬公正感（自分の努力応じた適正な報酬で満足する）とは弱いながらも相関があった
・社会的支援は、一般的自己効力および特定自己効力を高めた

【注1】

エリクソン（Erikson,E.H.,1902-1994）は父親不明の不義の子としてドイツのフランクフルトに生まれ、いつも自分のアイデンティティ（identity：同一性）に悩んできた。大学には行かず、放浪画家としてボヘミアン的な放浪生活を送り、とりわけ自我と社会との関わりあいに注目し、青年期の問題をアイデンティティという言葉で概念化し、この問題に生涯取り組んだ。人格の発達を8つの心理社会的発達段階に分けた。つまり彼はフロイトのリビドーの発達段階を踏まえて、個人を個人たらしめているアイデンティティの観点から、統合的な人格理論を展開しました（11、50）。

ちなみにフロイト（Freud,S.,1856-1939）はモラヴィアのフライベルク生まれのユダヤ人で、ウィー

ン大学出身の精神科医・神経学者で、精神分析学を創始した。彼は人格の発達を５つの心理的段階（口唇期性格、肛門期性格、男根期性格、潜在期性格、性器期性格）に分けた(11)。

【注２】

バンデューラは１９２５年にカナダで生まれ、１９５３年からスタンフォード大学で教鞭をとり、１９７４年にはＡＰＡ（アメリカ心理学会）会長を務める(50)。彼はパーソナリティ心理学、臨床心理学、社会心理学などの分野の理論を統合して、新たな社会学習理論を構築した。この理論は、観察学習のメカニズムの解明から学習成立の諸要因の解明、そして人間の主体的な認知行動の重要性をより強調した行動制御の研究へと発展している。

Ⅱ　自信を持つことの意義―自信とモティベーションの関係―

本書では、以下、過去のさまざまな研究で用いられた自己効力を、自信と読み替えます。自信を持つことの意義については、前記で簡潔に触れましたが、ここではモティベーションに限定して、検討します。

また本書では、α係数という言葉がしばしば出てきます。これは正確には、クロンバッハのα係数のことで、測定スケールの信頼性を測ります。この係数は０・00から１・00の間の値を取り、１・00に近いほど、その測定スケールの信頼性が高い。通常、測定スケールで、この係数が０・６以上であれば、その測定スケールは信頼できると判断されます。この値は当然ながら、サンプルによって変わります。

自信と問題解決意欲の関係

自信は問題解決の意欲を強めます。問題解決意欲の弱い人は、そもそも自分ひとりの力で問題を解決しよう、乗り切ろうという姿勢が見られない。それは、自分に自信がないからです。しかもしばしば何が問題なのかもよく分かっていないし、その解決方法も分かっていないことがあります。
問題解決意欲が弱い原因としては、他人への依頼心が強すぎるとか、問題解決の自信がないとか、問題解決の経験が乏しくそもそもどうしてよいのか分からない、などさまざまなことが考えられます。通常、問題解決能力が低いから、問題解決の意欲も湧いてきません。

問題解決というのは、解決しなければならない問題が仕事をはじめ結婚や家庭、職業選択などの深刻な問題から、気の置けない友達との付き合いや今日の夕食の献立はどうするかなどの軽微でささやかな問題までありますが、その基本プロセスは「問題の発見→解決策の考案・提起・選択→解決策の実行→問題の解決→解決後の結果の検討」です。問題解決能力を高めるうえで、このプロセスの中でもとりわけ重要な、問題の性質について考えてみましょう。そうすると、そこには少なくとも次の７つの点を検討しなければならないでしょう。

・問題解決の目標が明確なのか

たとえば、「美しい絵を描く」、「人を幸せにできる社会を創る」といったような、目標が具体的に分からない課題なのか、明確に規定できる目標なのか。つまり、この問題の解決は、何のためなのか、何に寄与するのか

・問題自体を明確に定義できるのか

たとえば、「人を幸せにする」と言っても、人によっても社会によっても幸せの定義が違います。だから単に「幸せにする」といっても、具体的には定義できません

・問題がどうして起こったのか（問題発生の原因と経緯・プロセス）がよく分っているのか、分からないのか
・解決方法が複数考えられる問題なのか、1つしかないのか
・過去に解決方法が開発されている問題なのか、新たに解決方法を創造しなければならない問題なのか
この場合、解決方法を単に思い出せばよい再生的問題解決と、過去の開発方法を新しい問題に修正活用して解決しなければならない生産的問題解決に分けられる。さらに新たに解決方法を案出しなければならない創造的な問題解決もあります
・問題の解決に多くの人や組織・機関の協力が必要か、自分ひとりでやれるのか
・問題を解決したら、どの広さで、また深さで、社会に貢献できるのか、自分ひとりのためなのか
・問題の解決にどのくらいの時間がかかるのか、短時間で簡単にできるものなのか

じつは、この7つの問題解決能力を高めるポイントが、結果として問題解決意欲の向上に役立ちます。どんな問題の解決であっても、問題の性質に応じた、解決策を考えださなければなりません。たとえば青年は高校を出てから進路を決める際に、どうしようかと悩む。この問題を解決する場合も、7つの見地から、人それぞれに対応していくのです。とくに進路や職業の

選択では、興味と自信が最も重要です。ある職業に就いても、将来の生活の不安や自分に本当に合っているかどうかも分からない、自分の能力にも自信がない。しかしやってみたい、強い興味を感じている。こういう場合しばしば、その青年はその職業を選択します。その職業で成功するには、何が必要で、それを身につけるにはどうすればよいのかについても分かってはいないでしょう。とにかく青年はたとえ無謀なことでも、やってみようとします。これが良い結果につながるかどうかは、本人も分かりません。しかしやってみなければ、その結果は分かりません。いずれにしても、問題の解決、克服に積極的に取り組むことが必要です。そして問題の解決で成功体験を積んでいくと、自然に問題解決の意欲も高まってきます。

自信と仕事意欲の関係

モスリーら（35）は、入社後の職務業績が入社前の「仕事の自信の強さ」によって決まるという。しかもこの関係は非常に強く証明されています。サンプルは米国南東部の家具メーカー2社の工場労働者（家具製造）、計2146名でした。自信は家具製造に関する自信です。その測定スケールの信頼性（クロンバッハのα係数で測定する。通常0・60から1・00に近いほど、信頼性が高いと判断します）は各メーカーで0・91、0・89でした。しかし本当に、職務業績は自信の強さだけで予言できるものでしょうか。

図表２　組織メンバーの一般的なモティベーション・メカニズム
（概念的モデル）

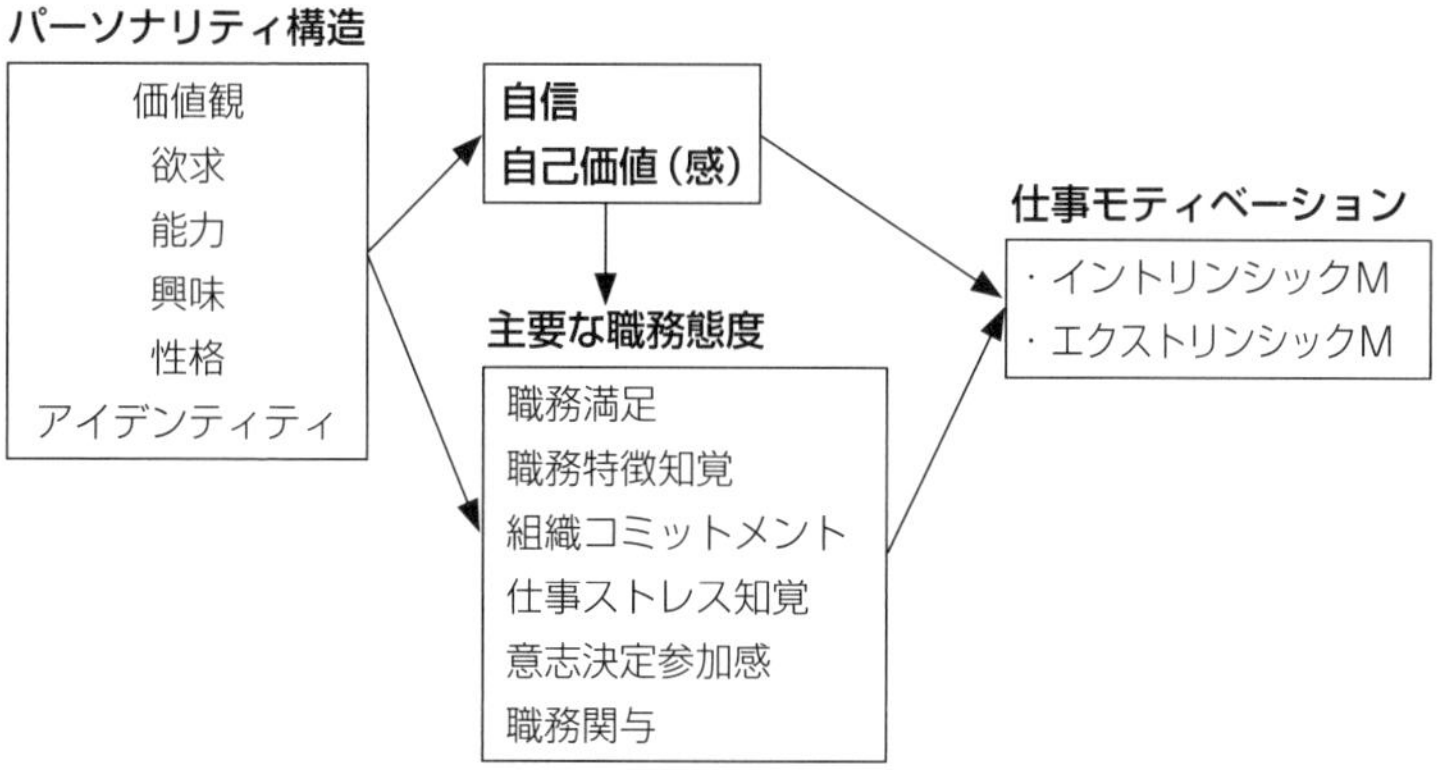

人間の意識的な行動は、それが仕事であろうと、育児や介護などといった家庭でのさまざまな活動であれ、またレジャーや遊びであれ、そうしようというモティベーション（意欲）によって直接喚起されます。だからモティベーションが強いほど、人は一生懸命に努力します。そして高い仕事業績が生まれるのです。しかもそのモティベーションは、自信と非常に密接な関係があります。しかし概念の因果関係を考えると、自信がモティベーションに先行します（図表２）。だから後述の「**Ⅳ　自信を強めるために不可欠な能力や人格を高める方法**」のところで触れるのではなく、ここで説明します。

仕事モティベーションの強さは自信と自己価値感、そしてさまざまな職務態度要因によって直接規定されます（図表２）。詳細は林（20）を参照して下さい。

さらに自信はパーソナリティ特性と密接な関係があり、また主要な職務態度に影響を与えて、仕事意欲に強い影響を与えます。たとえば、次のような傾向があります。

a．仕事上挑戦的な目標を設定したり、難しい問題に積極的に取り組む人は、そうでない人よりも、仕事の自信が強い傾向にあります

b．好奇心が強い、あるいはまたイントリンシックな興味や欲求が強い人は、そうでない人よりも、仕事の自信が強い傾向にあります

c．自分の力で仕事をマスターしたり、問題を解決しようとする人は、そうでない人よりも、仕事の自信が強い傾向にあります

*イントリンシック・モティベーション、エクストリンシック・モティベーションについては、後述「**イントリンシックな報酬によるモティベーションが仕事の自信を高める**」（39頁）をご覧下さい。

*アイデンティティと仕事（職業）アイデンティティ

エリクソンによれば、アイデンティティとは本来、自己同一性のことです（146～153頁をご覧下さい）。つまり、自分という人間は独自の存在であり、自らの判断で主体的に行動することができ、今も昔も変わらない人間だという意識のことです。これには、性や家族、職業、会社、地域社会、国家、さらに会社内では社長や部長といった職位、職務（仕事）ごとに

関するさまざまなアイデンティティがあります。つまり人には現在果たしている、もしくは果たさなければならない役割ごとにアイデンティティがあります。だからアイデンティティ間の対立・衝突（アイデンティティの拡散状態）を感じて、自分に課された、あるいは自身が果たさなければならないと思っている役割が果たせずに、自暴自棄に陥ったりするのです。

仕事アイデンティティの弱い人は、自分が果たさなければならない役割や仕事について明確な自覚もなく、また果たそうという意識も低い傾向があります。

それでは、以下、図表2における自信と仕事意欲との間の重要な関係について説明します。

・自信を強めると、ストレスが低下し、仕事の意欲と努力も強くなる

「自信はストレスと強い関係がある」と主張するカラセク・モデルというものがあります。これは「職務要求（仕事のペースや複雑さ、曖昧さ、コンフリクト）が高まると職務ストレスが強まるが、その職務要求に職務遂行者の処理能力が対応していれば、職務ストレスは発生しない」というものです。このモデルでは、ストレスは生理的緊張としてとらえ、血圧で測ります。

このモデルには賛否両論があります。シャウブレックらはその検証を試み、このモデルの改善を目指した(44)。サンプルは米国中西部の大規模リハビリテーション病院のフルタイムで働く看護・介護の従業員77名（平均勤続年数３年11ヶ月、女90％、平均年齢37・４歳）です。彼らは職務遂行の自信をシャーラーらが開発した一般的自信の測定スケール（後述）を使用しました。職務の処理能力は、職務遂行上さまざまな局面でどのくらいのコントロール権限を持っているのかを明らかにするガンスターの22項目のコントロール・スケールを使用しました。研究結果は、職場で働いている状況では、

ａ 仕事の自信は職務要求と負の相関があった

ｂ 仕事に自信の強い人の場合

・職務の処理能力が低い人は、職務要求が強くなるにつれて、ストレスが明らかに強くなる

・職務の処理能力が高い人は、職務要求が強くなるにつれて、ストレスは明らかに低下した

ｃ 仕事に自信の弱い人の場合

・職務の処理能力が低い人は、職務要求が強くなるにつれて、ストレスが明らかに弱くなる

・職務の処理能力が高い人は、職務要求が強くなるにつれて、ストレスは明らかに強くなった

この研究結果は、同じく中西部の大規模請負会社の従業員２１４名の研究でも支持されました。

要するに、仕事に自信があるかないかで、ストレス知覚に影響を与える「職務要求－処理能力の関係」は正反対の傾向を示すということです。仕事上ストレスをどのくらい知覚するかど

図表３　自信ーストレスー仕事の意欲と努力の関係

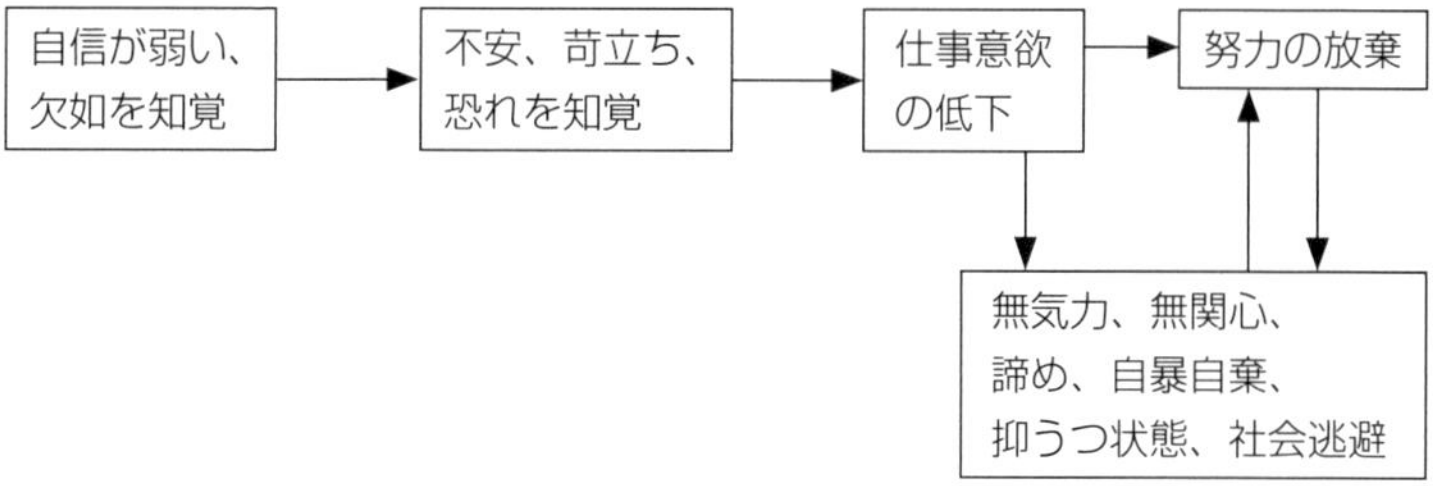

うかは、仕事に自信があるかどうかによって決まるといってもいいでしょう。

確かに、仕事である活動をしなければならない時、それに自信がないと、普通ストレスを感じます。そのストレスが強い場合、不安や苛立ち、恐れを感じます。その結果、やらなければならないことを他人に押し付けたり、後回しにしたりして、ストレスから逃れようとします。つまり責任の放棄です。そうすると、職場で馬鹿にされたり、軽蔑されたりして人間関係もうまくいかなくなり、上司の評価も下がり、自己嫌悪や自責の念に駆られ、その結果、仕事意欲（やる気）を失い、仕事に関して無気力に陥ったり、無関心になったり、抑うつ状態になったりします。場合によっては職場放棄・逃避が起こります。つまり、自信が低下すると、モティベーションの喪失や努力の放棄が起こります（図表３）。

*ストレスの知覚

ストレス知覚とは、外部環境（家族や友人、他人、会社、天候、景気、所得、交通事情、など）や自己の身体・精神の状態の現状、それらの変化、とりわけ家族や友人、他人、会社からの要求などに対して、自分が適切に対応できない・処理できないと感じる・思う時に、発生する心理的状態（イライラ、不安、悩む、抑うつ）あるいはまた生理的な状態（多汗、ふるえ、疲労感、頭痛、食欲不振、他の身体的症状）のこと（20、23）。

　前記のカラセク・モデルでは、職務要求が高まると職務ストレスも高まります。ここからも明らかなように、ストレスには一般的なストレスと特定的なストレスがあります。特定的なストレスとは、ある特定の行動や状況において知覚されるストレスのことです。たとえば、勉強は何をするにしても、面白くなくイライラしてきて、やる気も起こらないが、運動や遊びならどんなことでも楽しい、という子供がいます。この場合、勉強や運動、遊びなどの特定の活動で知覚するストレスが特定的ストレス知覚です。また、勉強を一般的ストレス源泉（ストレッサー）だとすると、数学、英語といった科目が特定的なストレス源泉になります。国際貿易業務を担当している人には、英文を読むのは得意だが、会話は苦手だという人もいます。この人にとって、英会話が特定的なストレッサーになります。

*ストレス反応

　ストレスを知覚した時に起こる反応（心理的情緒的な反応、生理的な反応、これらに引き起こされる行動的反応－神経症、不眠、種々の問題行動や逸脱と行動、アルコール・薬物依存、摂食障害、など－）のこと（20、23）

・自信が高まると、困難な目標達成の意欲も強くなる

バンデューラによれば、個人や集団、組織が目標設定するときは、能力の自己評価に強く影響されます。特に個人の場合、自信が強いほど、より高い目標を自分のために設定して挑戦し、それに対するコミットメントも強いものになります（3）。人は困難な状況や失敗、挫折など苦痛な状況に直面するときこそ、やり遂げるために強固な自信が必要なのです。実際に、自信の低い人は、困難な状況に直面すると、それまでの考えは揺らぎ、意欲も低下し、活動の質も悪化していきます。しかし自信の強い人は、挑戦すべき目標が揺らぐことなく、状況を分析しながら、課題を弾力的に達成していこうと努力していきます。

自信のある人は、ストレス知覚が弱く、たとえ失敗してもそれほど落ち込むこともなく、ものごとの達成に向かって強く努力していく傾向がある。他方、自信のない人はさまざまなストレッサーに強く反応し（強いストレスを知覚し）、強いストレス反応を示す。その結果、仕事意欲が低下したり、そもそもやる気を失ってしまうことがあります。また自信のない人はストレス耐性が一般に弱く、自分を過小評価する傾向（自己卑下）があり、他人への依存心も強い傾向があります。だから、与えられた目標が自分には高すぎる、難しすぎると感じたら、やる気を失ったり、やれる程度にしか意図的にしようとしない。それでも目標を達成しなければならないと思うと、他人に押し付けたり、その場を一時的につくろったり、場合によってはもっ

図表4　自信と目標達成意欲 - モティベーションの関係

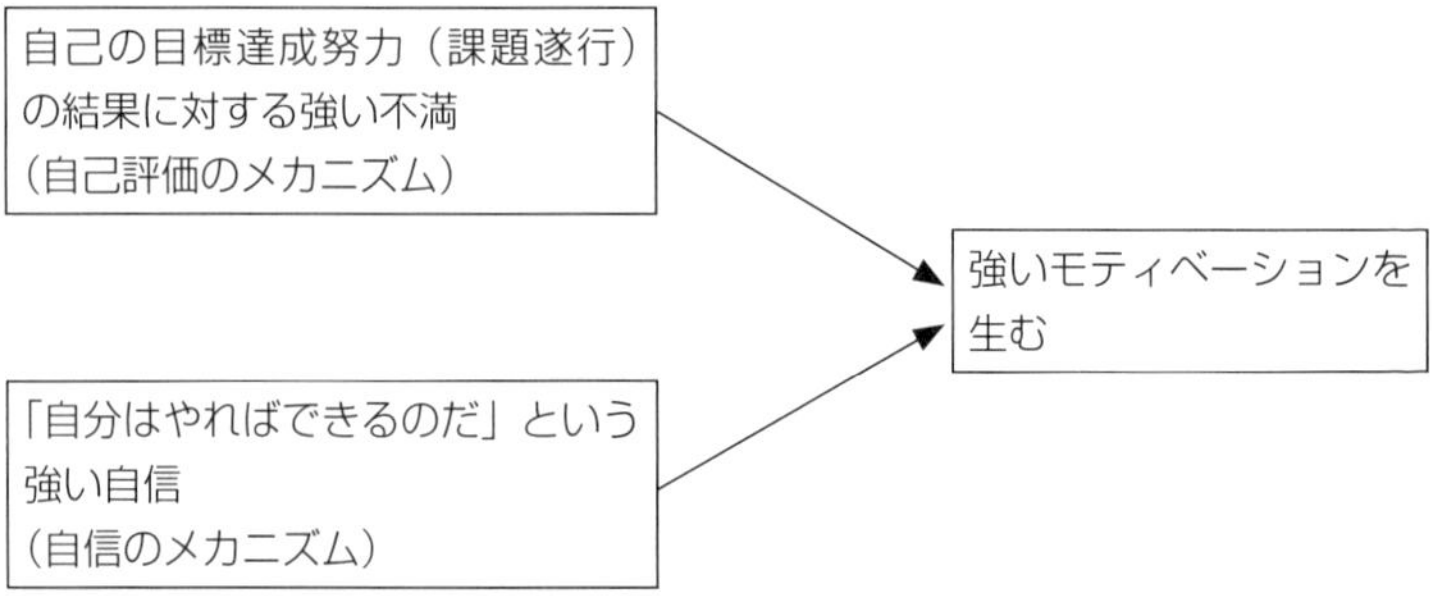

ともらしい言い訳をしたり、意図的なサボタージュや早退・欠勤、職場放棄をしたりしてしまいます。自信のない人、弱い人に対する社会的な支援策はしばしば逆効果を生んでしまいます。つまり彼らをますます甘やかし、ストレス地獄から抜け出す機会を奪ってしまいます。

しかし自信の強い人は、自分が達成したいと思っている目標と、自分が現在までに成し遂げてきたこと、との間に大きなギャップが生じると、より一層努力しようというモティベーションが高まります（図表4）。

*ストレッサー

個人にストレスを直接知覚させる外的要因のこと。たとえば、家庭や職場でのトラブル、生活上の重大な変化（配偶者・子供の死、離婚、借金の返済不能、など）、配置転換・離職・転職、通勤電車、騒音、など（20、23）。

*ストレス耐性

個人のストレス知覚の強さを変える心理的要因のこと。つまりストレスに対して強い性格、つまりストレスに耐える力のことです。これは遺伝と経験によって創られると考えられています（20、23）。

*ストレス緩和のための社会的支援

会社で働いている人の場合、社会的支援は、会社、上司・同僚、家族、友人から得られる協力やアドバイス、精神的な支え、物理的な支援、など（23）。

・イントリンシックな報酬によるモティベーションが仕事の自信を高める

人は打算的動機だけでなく非打算的な動機からも、仕事モティベーションを喚起します。打算的動機とは金銭や昇進・昇格、職場の人間関係、上司からの評価といった報酬のことです。

そもそも働いている人を動機づける要因には2つあります（20）。

・エクストリンシックな報酬：金銭、昇進、職場の人間関係、上司・同僚からの認知・称賛など社会的、認知的欲求を充足させるもの。これが打算的な動機の内容です。

・イントリンシックな報酬：仕事を通じて得られる達成感、やりがい、人間的成長、潜在的能力の開発など自己実現欲求を充足させるもの。これが非打算的な動機の内容です。近年、この動機が拡張されてきました。自己に関わる諸概念も含むようになりました。それは具体的には、セルフコンセプト、アイデンティティ、自信、自己価値感（意識）、自己イメージの確立・維持・強化で、これらもモティベーションの源泉になります。

人は普通、打算的動機と非打算的な動機の両方から働く意欲を強めます（図表5）。たとえ

図表５　働く動機と仕事モティベーションの関係

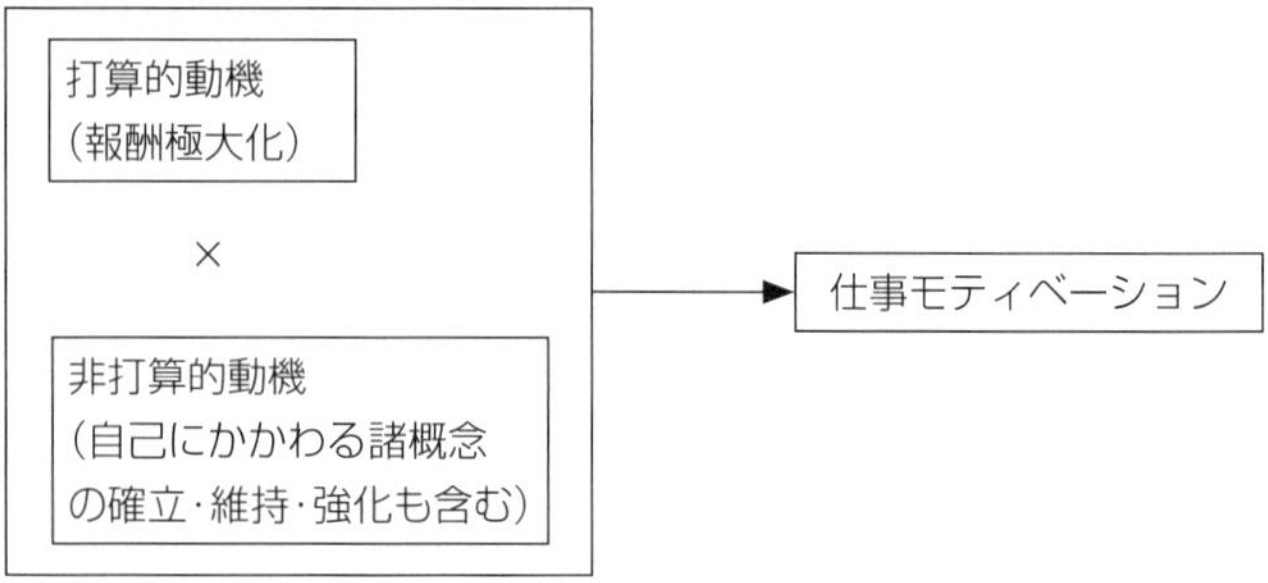

ば、自己実現欲求の充足のためのみならず、物質的に豊かな生活をしたいとか自分のプライドを守るために、あるいは自己イメージを高めたいために、働く意欲を高め、高い仕事成果を実現しようとします。また自信を強めたいために、あえて高いあるいは困難な目標に挑むことがあります。確かにイントリンシック・モティベーションも、仕事の自信に強いインパクトを与えますが、とりわけこの関係は、代理学習や、信頼する重要な人たちや、権威のある上司からの言語的説得によって、強められます。

　打算的動機は、それが満足されるとモティベーションの源泉にはなりませんが、非打算的動機は、満足されるということがありません。満たされても、満たされても、人はさらにそれを求め続けます。

・自信は、自己価値感を強めて、仕事意欲を強める

　エリクソンのアイデンティティの研究以来、自分はどんな人間なのか、そしてそれがさまざまな態度やモティベーション、さらには行動にどのような影響を与えているのかについて、研究が盛んになってきたように思われます。この研究を「自己に関わる諸概念に関する研究」といいます。自己に関わる諸概念というのは自己概念、自己イメージ、自信、自己価値感などです。たとえば自己価値（self-esteem、自己価値感）とは、自分が家族や職場、仲間、地域社会などにとって価値がどのくらいあるのかについての自分の評価のことです(20)。

自己価値感の低い人は、高い人よりも他人の影響を受けやすいことがすでに明らかになっています。またさまざまなネガティブな傾向が見られます。具体的には、

・自己価値感の低い従業員は、職場での人間関係がうまくいっている時に、よりよく仕事ができた。しかしその高い人の場合、その人間関係の善し悪しは職務行動と関係はなかった。

・自己価値感の低い従業員には、以下の傾向が見られた。

自分の仕事役割を明確に認識できず、またコンフリクトが強い。

職場で積極的にコミュニケーションを取ろうとする意志が弱い。

職務満足が低い。

生活に幸福感が低い。

仕事でストレスを強く感じる。

職務業績が低い。

レイオフされることが多い。

離職願望が強い。
再就職の可能性が低い。
失業することが多い。

そこでエデンら(13)は自信、自己価値感、モティベーションがどういう関係にあるのだろうかと考えた。彼らは、過去の研究成果に基づいて「自己価値感の低い人たちの場合、特定の活動の自信（特定自己効力）を強めると、困難な活動をやり遂げようとする意欲が高まる。しかしそこには一般的な自信（一般自己効力）が強く干渉している」と仮定しました。サンプルは兵役が義務となっているイスラエルの防衛軍の特殊部隊に入隊予定の若者（17～18歳：とくに高い適性があり健康で、志願した者）556名を調べた。一般的な自信はシャーラー&アダムス（1983）が開発したGeneral Self-Efficacy Scaleのヘブライ語版を、特定の活動（訓練課程での活動や戦闘任務での活動、など）の自信は主としてエデンが開発したSpecific Self-Efficacy Measureを用いて測定した。各測定スケールの信頼性αは、0・85、0・90であった。

研究結果によれば、

・教育担当将校から訓示を受けた若者と、一般的自信の強い若者は特定の活動の自信が非常に高かった。

　ちなみに将校の訓示というのは、「君たちは徴兵検査で高い成績を上げ、志願兵プログラムでも成功できる適性と能力があり・・・・指導の担当者は優秀な兵士であり親密な人間関係を結べ、君たちに確実な情報を直接与えてくれる」（点線部分は筆者の責）といった兵士としての自信を強める言語的説得と、安心感を与える、そして入隊後の自己価値感を高める内容であった。

・訓示を受けた者は、受けなかったものよりも、正式に入隊の意志（モティベーション）を強く表明した。

　これは、訓示がガラティア効果（galatea effect）を発揮したことによると考えられます。

・一般的な自信の強いものは、低いものよりも志願の意志を強く表明した。

・訓示は、一般的な自信の弱い者の志願意志を高める効果があった。しかしその効果は、一般的な自信は強いが訓示を受けなかったもののレベルまでであった。

　要するに、一般的な自信を高めると、特定の活動の自信と、活動へのモティベーションが強くなります。しかも一般的な自信を強めるための訓示は、一般的な自信の強い者よりも、弱い者に効果がありました。

　ところがチェンら（7）は、一般的な自信が自己価値感よりもモティベーションに強い影響を与えているのではないかと考えた。サンプルは米国のミッド・アトランティックにある大規模大学の学生３２３名（平均年齢23歳、女77%：サンプル１）と東部の大規模な健康管理組織の顧客サービス関係部門から１６５名（平均年齢42歳、平均勤続年数５年、アフリカ系女性94%：サンプル２）でした。ちなみに測定スケールの信頼性は、たとえばサンプル１では、一般的な自信（４スケールで測定し、それぞれαは0・86～0・91の範囲）、モティベーション特性（誠実さや達成欲求など４つのスケールで測定し、それぞれαは0・73～0・82の範囲）、モティベーション状態（仕事の自信や目標の自己設定など４つのスケールで測定し、それぞれαは0・69～0・87の範囲）、情緒特性（情緒の安定とネガティブな反応傾向の２つのスケールで測定し、それぞれαは0・82～0・88の範囲）、情緒状態（不安とネガティブな情緒の２つのスケールで測定し、それぞれαは0・91～0・95の範囲）。

研究結果によれば、両サンプルで、一般的な自信の方が自己価値感よりも、モティベーション特性と強い相関があった。つまり一般的な自信の高い人の方が、誠実に仕事（勉学）に取り組み、達成意欲も高く、新たな経験に前向きで、目標を自ら設定する傾向が強かった。

他方、自己価値感は一般的な自信よりも、情緒特性と強く相関していた。つまり自己価値感の高い人の方が、いつも落ち着いていて感情をコントロールでき、ものごとに対していつもポジティブに捉えて反応する傾向があった。

他にさまざまな発見がありましたが、要するにサンプルの違いによって、一般的な自信と自己価値感は、仕事モティベーションに対して異なる影響関係を持っていました。

Ⅲ　あなたがもっと自信を強めるには、どこを強めればよいでしょうか（現状認識）

自信には一般的な自信と特定的自信があります。ここでは主に一般的な自信に焦点を置きます。

自信を強めるためには、まず現状を正しく認識する必要があります。そのためには今現在の自分がどのくらいの自信を一般的に言って持っているのかを知る必要があります。

バンデューラは自信の測定スケールの開発の基本的指針を明らかにしました（4）。多くの研究者がこれに従い、さまざまなスケールを開発しています。下記（56頁）の「**仕事に関する一般的な自信**」をご覧下さい。

以下の質問票はすべて社員個人を対象にしています。しかし職場全体や会社の全社員を対象として、直属上司が部下たちを評価したり、あるいは人事部が評価する場合にも使用することができます。いずれの場合にも、その際の留意点として、

・質問項目の趣旨を変えることなく、あなた自身あるいは職場、会社の実態に合わせて、質問項目の語句や表現形式を変えた方が良いかもしれません

・各スケールの質問項目のうち、いくつかの項目に絞り込んで活用したい場合は、職場や会社で重要な項目を、因子分析等を通じて、抽出することが望ましいでしょう

・質問項目で「望ましくない」回答をした項目に関して、その被験者個人もしくは職場の人たちに十分教育訓練を施して下さい。改善内容によっては、反復訓練あるいはロール・プレイング法が有効でしょう。

・以下の質問票の使用では、詳細に調べたいときには、回答方式としては、7ポイントスケールか11ポイントスケールを、そうでなければ5ポイントスケールをご使用ください。

自分に関する一般的な自信

前記の「自己効力理論と、その二大特徴」のところで触れましたが、人が幸せに生きていくには、自信を持つことが一番大事なことです。自信があれば、日常の生活で起こる、また遭遇するさまざまな問題から逃げたり、先送りしたりすることはありません。なんとか解決しようと試みます。自信がなければ、無力感を感じたり、自分の存在感に不安を持ちます。

以下の4項目からなる測定スケールは、人が自分に関して一般的に自信をどのくらい持っているのかについて調べる簡便なものです。

以下の4項目について、あなたの今の気持ちを、次の5つの回答（1～5）で表してください。

1・・・まったく違う

2・・・かなり違う
3・・・合っているとも合っていないとも、どちらとも言えない
4・・・かなり合っている
5・・・まったくその通り

1. 私が今直面している問題のうち、いくつかについては、まったく解決することができない
2. 私は、周囲の人たちから馬鹿にされていると感じることが時々ある
3. 私は、生活していると遭遇する問題を何とか解決しようと試みるが、しばしば自分の無力さを感じる
4. 私は、自分の人生で重要なこと（職業や家庭、健康、友人関係、財政状態、など）を変えたい、改善したいと思っても、それは自分にはほとんどできない

採点方法

全項目を逆得点化して、合計点を算出する。

得点の解釈

合計点が大きいほど、自分に自信がある。

自信を強めるポイント

得点（逆得点化後の得点）が1と2の項目を改善して下さい。

組織人としての自信

あなたは会社や組織の一員として本当に自分に自信がありますか。経営コンサルタントやテレマーケティング、金融取引などの専門家74人への詳細なインタビューを通じて「組織の中で働くことの自信」を測定するスケール（5次元、計30項目からなる）を、シュトラウス&コービンが開発しています。タムズはこれを23項目に絞り込みました[47]。その内、他人と良好な関係を形成することの自信（6項目、信頼性係数α＝0・80）と、組織への一体化に関する自信（5項目、信頼性係数α＝0・87）が組織人として特に重要と思われます。

しかしそれよりも広く使用されている測定スケールがあります。それはシャーラーらが開発した一般的自信の測定スケールです[43]。これは会社や教育機関、軍隊などの場で人がどのくらい自信を持って働いているのかを予言するために、17項目からなる測定スケールを開発しました。信頼性と妥当性については開発者のみならず、多くの研究者からも高く評価されていて、かつ使用されている、著名なものです。

以下の17項目について、あなたの今の気持ちを、次の5つの回答（1〜5）で表してください。

Ⅲ　あなたがもっと自信を強めるには、どこを強めればよいでしょうか（現状認識）

1・・・まったく違う
2・・・かなり違う
3・・・合ってるとも合っていないとも、どちらとも言えない
4・・・かなり合っている
5・・・まったくその通り

1. 何か計画を立てるとき、いつもそれが達成できると確信している
2. 自分の欠点の1つは、何かをやっていても、それを途中で止めてしまったり、止めなければならない時でもなかなか止められないといった点だ
3. 初めてすることでも、それがうまくできなければ、うまくできるようになるまでチャレンジし続ける
4. 何をするにせよ、自分ひとりの判断で目標を決めると、それは大体達成できない
5. ものごとを最後までやり遂げてしまう前に、なぜか、途中で止めてしまうといった傾向がある
6. 私には難しいこととか、厄介なことは、できるだけ避けようとする傾向がある
7. 問題やものごとが複雑になってくると（込み入ってくると）、もうやる気がなくなってしまう

8. たとえ嫌なことや、面倒くさいことでも、やり始めたからには、最後までやり遂げようとする傾向がある

9. 私は、やると決めたら、すぐ始める

10. 何か新しいことを学ぼうと思っても、最初にうまくいかないと、すぐに嫌になり止めてしまう

11. 何をしていても、思いもしないようなことが起こると、もうやる気が起こらない

12. 何か新しいことを学ぼうと思っても、それが自分には難しすぎると思ったら、もうやらない

13. 何につけても、失敗すると、「なにくそ」という気持ちになり、頑張ってやり遂げようとする

14. 何をやるにせよ、自分にうまくやれるという自信がない

15. たとえ誰であっても、とにかく人に頼るのは嫌いだから、自分でできることなら、何でも自分でやってしまう

16. 何につけても、まあいいやといった調子で、簡単にあきらめてしまう傾向がある

17. 自分の生活（職場や家庭）で起こる問題を、自分ひとりでは解決できない。ついつい人に頼ってしまう

採点方法

逆得点項目は2、4～7、10～12、14、16、17。全17項目の平均値を算出する。

解釈

・4・00以上：さまざまな状況において、自分が物事をうまくやっていける、解決していけるという自信が強い

・2・00以下：さまざまな状況において、自分が物事をうまくやっていける、解決していけるという自信が弱い。

自信を強めるポイント

・平均点が3・00未満であれば、スコア1と2（逆得点化後）を付けた項目を再度検討する。

・スコア1と2を付けた項目を改善するために、何をどうすべきかについて検討し、改善策を明記する。ただし、それは実行できるものでなければならない。

・平均点が4・00以上であれば、特に大きな問題はないと言える。

今の仕事と職場に関する一般的な自信

前記のチェンら（7）は自信を測定するために基本的に2つのスケールを使用していた。一般的な自信を測定するためにシュバルツァーらが開発した10項目測定スケールと、仕事の自信

を測定するためにファン・スコッター&モトウィドロの対人支援行動の意志と職務献身行動に関する測定スケールをベースに独自に開発した9項目スケールです。しかしサンプルがアフリカ系米国女性94%と偏っていて、仕事の自信測定スケールは信頼性係数も少し低かった。

　前記でも触れましたが、ストラウス&コービンは仕事の自信は何によって生まれているのかについて、金融機関やレストラン、テレマーケティング、経営コンサルティング会社などで働いている74人を徹底的にインタビュー調査して、30項目を明らかにした。それをタムズ[46]が検討して、主成分分析を通じて以下の23項目に絞り込んだ。

　ちなみにタムズによれば、このスケールは信頼性がかなり高く、十分に使用できる。経営者・管理者から一般社員（全員専門家）まで３５６人（平均年齢35歳、平均勤務経験10年、男性65%）をサンプルとして信頼性を調べたら、23項目は5サブグループ（次元）から構成されているが、α係数はすべて０・71以上でした。

　あなたが今の仕事と職場環境に自信をどのくらい持っているのかを測定します。以下の23項目について、あなたの今の気持ちを、次の５つの回答（１〜５）で表してください。

１・・・まったく違う
２・・・かなり違う
３・・・合っているとも合っていないとも、どちらとも言えない

4・・・かなり合っている
5・・・まったくその通り

1．自分がこの職場の一員だと感じる（思う）こと自体が、自分には仕事能力があるという強い自信を与えてくれる
2．職場のみんなと、仕事がうまくやっていけるということが、自分には仕事能力があるという強い自信を与えてくれる
3．職場のみんなと楽しい会話ができるということが、自分には仕事能力があると強い自信を与えてくれる
4．職場のみんなに何かほっとした安心感を感じる（くつろぎを感じる）ことが、自分には仕事能力があると強い自信を与えてくれる
5．人（上司、同僚あるいはまた顧客）が何を考えているのかが理解できれば、それは自分には仕事能力があるという強い自信を与えてくれる
6．自分が職場の楽しい仲間の一員であると思えることが、自分の仕事能力に、より大きな自信を与えてくれる
7．私が今何をしているのか、また同僚たちが今何をしているのかを理解していることが、私に仕事能力があることを物語っている

8．同僚たちと同じレベルで仕事をこなしているということが、自分の仕事能力に自信が持てるということを示している

9．自分の仕事成果が同僚たちよりも優れていることを知っているから、自分の仕事能力には自信がある

10．私がすでに解決したのと同じ問題で、同僚たちが苦労しているのを見ると、自分の仕事能力に強い自信を感じる

11．私は、必要な場合、仕事上お手本（模範）になる人を探し、その人と同じか、あるいはそれ以上のことをする

12．私は、自分の仕事能力に常に自信が持てるように、いつも上司や同僚たちから、仕事の優れたやり方を学ぼうとしている

13．私の仕事上お手本になる人が仕事をどのようにやっているのかを、私はいつも仔細に観察している

14．社会的に評価の高い会社の社員になるということは、周囲の人たちに対して、「自分は仕事のできる人間だ」という気持ちを強めてくれる

15．今の会社が評判を高めるということは、私の仕事能力に対する自信も高める

16．社会的に評価の高い会社の社員であるということは、自分の仕事能力が高いという自信を強く感じさせてくれる

17. 私の仕事領域（職種）でリーディング・カンパニーに勤めているということは、自分の仕事能力に自信が持てることを表している
18. 会社に一体化し、自分もその会社の一員だと感じることは、自分が仕事に自信を持つうえで重要なことだ
19. 自分に対する批判的な見方や評価が、自分の仕事能力に関する自信に悪影響を与えるのではないかといったことなど、まったく気にならない
20. 私の仕事に対して、自分にとって重要な人（重要な上司や同僚、部下、第三者）がどんな批判をしようとも、自分の仕事能力への自信はそう簡単には揺るがない
21. たとえ多くの人が、私の仕事に対してどんな批判や苦言を述べようとも、自分の仕事能力への自信はそう簡単には揺るがない
22. 私がやっていることや、やったことを低く評価したり、認めないという人もいるかもしれないが、私には「良い仕事をした、している」という自負がある
23. 他の人が認めようが認めまいが、今の仕事で、私の仕事能力は高い

採点方法

全項目の合計点を算出する。

解釈

合計点が大きいほど、自信が強い。

自信を強めるポイント

得点が1と2の項目を改善して下さい。

仕事に関する一般的な自信

仕事の自信を測定するスケールの基本的なものは、バンデューラが開発したものだといわれます（37）。これは職務遂行上不可欠な8つの要件（標準的な仕事手続き・実際の仕事手続き・専門的な情報などの理解力、技術、問題解決、創造力・革新力、職場でのコミュニケーション力、など）それぞれに4項目の質問項目、計32項目からなっている。これらについての自信を、従業員が9ポイントスケールで自己評価する。

ティールニィらは消費財メーカーのブルーカラーとハイテク企業のホワイトカラーの仕事の自信を測定するために、シュプライツァーが開発した3項目スケールを活用している（48）。またモスリーらは家具メーカーの製造従業員の仕事に関する総合的な自信を測定するために7項目スケールを開発している（35）。しかしこれらは簡便すぎるし、バンデューラが開発したものは詳細すぎる。ここでは、もう少し簡便なスケールを取り上げます。

フローリンら（15）は、そもそもロビンソンらが開発したスケールに基づいて、起業家になりたい動機とその人の自信の関係などを明らかにしようとして、米国北東部にあるビジネススクールの学生２２０名（１年生99名、最上級生１２１名、女性69名）を調べた。自信測定のスケール（８項目）の信頼性α＝０・82であった。それを筆者が日本の社会人用に修正し、以下の８項目を開発した。

あなたの今の気持ちを、次の５つの回答（１～５）で表してください。

１・・・まったく違う
２・・・かなり違う
３・・・合っているとも合っていないとも、どちらとも言えない
４・・・かなり合っている
５・・・まったくその通り

1. 私は、自分の今の職場の同僚たちに比べ、仕事ができないような感じがしている
2. 私は、しばしば自分の仕事の質に強い不満を感じている
3. 私は、厄介な仕事なら、割合簡単にあきらめてしまう（頑張ってやり遂げようという気が起こらない）
4. 私は、職場の同僚たちに、自分が仕事ができる人間だというふうに、しばしば見せかけて

いる

5. 私は、非常に仕事ができる人たちや成功者と一緒にいると、何か気後れや気詰まりを感じる

6. 私は、自分の職場の同僚たちが、私のことを気遣ってくれなかったり考えてくれなかったり、また評価してくれていると思えないと、不機嫌になったり、仕事にやる気が起こらない

7. 私は、自分が仕事で抱えている問題について、私の代わりに解決・処理してくれる人や、解決方法を教えてくれる人をいつも探している

8. 私は、仕事でプレゼンをしなければならない時は、いつも不安に駆られ、非常に緊張してしまう

採点方法

全項目を逆得点化する。合計点を算出する。

解釈

合計点が大きいほど、仕事の自信が強い。

自信を強めるポイント

得点（逆得点化後の得点）が1と2の項目を改善して下さい。

キャリア選択の自信

バンデューラの自己効力理論に基づいたキャリア開発研究の流れで、女性のキャリア開発研究の先駆者、ハケットとベッツは、職業遂行（従事）の自信が、女性の職業選択が制限されている中で、職業興味や価値観、能力よりも強力な働きをしていると仮定しました（3）。そして彼らは大学生の職業選択に性差があることを発見した。つまり女子学生の職業遂行の自信は、伝統的に男性が独占している職業に関しては、男子学生よりもかなり低いが、伝統的に女性が独占している職業に関しては、男子学生よりもかなり高かった。女子学生は男性優位の職業では、男子学生よりも職業遂行の自信が弱いから、伝統的に男性が独占している職業を早いうちから諦めてしまうのです。しかも職業遂行の自信は、職業興味、職業に関する考え方、そして職業選択を明確に予言できることも明らかにしました。彼らが採用した質問票調査はその後の職業選択に関する自信の研究の主流となってます。

・就職（転職も含む）の自信

マックオーリフィーら（34）は就職支援カウンセリングの際にクライアントのどこに問題があるのかを明らかにするために、キャリア獲得の自信の測定スケールを因子分析と相関分析を通じて開発した。サンプルは米国のある公立大学の１年生１５７５名（93％が18～19歳、女

43%、男32%、残り不明、白人43%、黒人21%、その他）。それはそもそも以下のような6次元（因子）、39項目からなっていた。しかしその内、各次元内部での各項目の因子負荷量0・50未満あるいは各項目と各次元の相関係数0・60未満に抵触している6項目を、筆者が測定項目の信頼性を高めるために除外した。また項目内容の一部については、日本の実態に合うように、筆者が修正した。以下のスケールは、新卒だけでなく中途採用者も使用できます。

以下の項目すべてに関して、あなたの今の気持ちを、次の5つの回答（1～5）で表してください。

1・・・まったく違う
2・・・かなり違う
3・・・合っているとも合っていないとも、どちらとも言えない
4・・・かなり合っている
5・・・まったくその通り

求職活動の準備に関する自信

1．何としても仕事がしたい、働きたい、働ける場所が欲しいという強い意欲を持っている
2．求職活動に必要な時間をかけ、十分な努力をすることができる

3．私には、希望する職種（たとえば営業、企画、秘書、研究開発、など）をやっていくのに必要な知識とスキルを身につける能力と意欲がある

過去の実績とスキルに関する自信

4．私が過去にやった仕事やアルバイトに関して、その実績を明示できる
5．希望する職種をやっていくのに必要な実績を明示できる
6．自分が持っている仕事関連の知識とスキルを明示できる
7．本当に興味があり、やることができると思う職種を具体的に挙げることができる

職業の絞り込みの自信

8．本当に興味のある職業を3つ以上挙げることができる
9．自分にやれると確信している職業を3つ以上挙げることができる
10．自分の価値観に一致していると思う職業を3つ以上挙げることができる

情報探求の自信

11．興味を持っている職業に関して、一般的な情報（業務内容、責務、平均給与、労働時間・勤務形態、など）なら手に入れることができる

12. 興味を持っている職業に関して、詳細な情報（必要な教育水準・内容、必要な能力や資格、具体的な雇用条件や給与、正確な福利厚生制度、など）を手に入れることができる

13. 興味を持っている職業に関して、周囲の人たちから、その職業の性質や将来性、会社選びで有益な情報を獲得している

14. 希望している職業に従事している人たちの関心や考え方、生き甲斐と、自分のそれがどのくらいマッチしているかを説明することができる

15. 希望している職業に従事している人たちの価値観と、自分の価値観がどのくらいマッチしているかを説明することができる

16. 私は、自分が興味を持っている職業で働いている人であれば、誰とでも会って、話を聞くことができる

決定に関する自信

17. 今私は、職業選択・獲得に有益な教育あるいは訓練プログラムに参加したり、利用することができる

18. いくつかの魅力的な職業の中から、迷わず自信を持って1つだけを選ぶことができる

19. 私には、自分にとって大切な人たち（伴侶、親、子供、親友）と充実した生活（レジャーも含む）を送れるような職業を選ぶことができる

20. 私は、いったん職業を選ぶと、それでよかったのかなどと、あとでくよくよ悩むことはしない
21. 職業を選ぶ際には、短期的な目標（1～3年後くらいまでに達成したい）を設定している
22. 職業を選ぶ際には、中・長期的な目標（5～10年後くらいまでに達成したい）を設定している
23. 職業に就いた後で、自分の目標達成に役立つ教育・訓練プログラムを受けるつもりだ
24. 就職に役立つ教育・訓練プログラムを完了し、選んだ職業に就くために、自分なりのタイムテーブルを作成している

決定の実行に関する自信

25. 自分が受ける職業教育・訓練プログラムは好成績で完了することができる
26. しっかりした履歴書を作成できる
27. しっかりしたエントリーシートを作成できる
28. 以前の雇用者あるいは学校の先生から、単に形式的なものではなく、私を十分理解して作られた正確な推薦書を貰うことができる
29. 希望の会社に、具体的な職種で自信を持って志願することができる。ただ単に希望の会社に入りたいという一心ではない

30. 希望の会社に、自分が希望している職種の具体的な業務内容について詳細に聞くことができる

31. 自分が選んだ仕事で、会社側から与えられた業務内容をただやっていくのではなく、それ以上のことをやれる

32. 入社後最初の1年で、好業績を上げることができる

33. 入社したら、仕事をただやっていくだけでなく、自分のキャリアを高めて、将来を切り開いていくことができる

計算方法

全項目の平均値と、6つの次元ごとに平均値を算出する。

解釈と改善策

平均値が大きいほど、職業獲得力（希望の会社に入社する、あるいはまた希望の職種に就く可能性）が高い。

6つの次元ごとの平均値で、平均値が3・00未満の次元があれば、その次元は早急に高める必要があります。

また各次元を構成する項目の中で、3・00未満の項目があれば、それは早急に改善する必要があります。

自信を強めるポイント

得点が1と2の項目を改善して下さい。

・就業のミスマッチ、転職の意志と自信の強さ

昨今の日本の若者には、まさに迷職状態（職や就職先に迷って就職できない、あるいは働かない状態）にある者が増加しています。かりに就職したとしても、いとも簡単に転職してしまったり、フリーターを選んでしまう。いったいこれはなぜでしょうか[22]。厚生労働白書（平成30年度版）によって若者の就業実態を見ると、就業のミスマッチの増加と、非正規労働者とフリーターの増加が顕著です。また文部科学省「学校基本調査」（令和元年度版）から、大学卒業者の迷職の実態を見ると、非正規社員として就職した者の数、はたまた就職も進学もしない者が近年増加傾向にあります。

若者が、職業に就かない、就いてもすぐ辞めてしまう、といった状況の原因として、よく会社側との間の価値観の相違だとか、「こんなはずではなかった」という言葉に代表される現実認識の甘さ・誤解、アイデンティティの未確立、などが挙げられます。

しかし職業決定理論では、職業を決定するうえで最大の要因は仕事の興味と、仕事の自信です[22]。迷職状態にある若者は仕事の興味が定まっていないのか、仕事に自信がないのか、あるいはその両者なのです。

就業のミスマッチが起こる主な原因は、自分が本当に何をやりたかったか分からずに就職してしまった、仕事で求められている知識やスキルを持っていなかった、自分の価値観やライフスタイルが実現できない・マッチしていなかった、職場の風土や人間関係が合わなかった、などでしょう。このようなミスマッチから、転職の意志が芽生え、強くなっていきます。しかし自分にとっての適職を見出す、獲得するのはなかなか難しいことです。そのためには自分の本当の仕事興味を探り当て、その仕事がやれる自信を作り上げる必要があります。そこで、前記のフローリンやタムズなどの研究成果に基づいて作成した、以下の31項目で、あなたの就業のミスマッチ度、転職の意志と自信の強さを測定します。

以下の質問項目すべてについて、あなたのお気持ちやご判断を、次の1～7の数字の中から1つ選んで、お示しください。

1・・・まったく違う、決してそんなことはない
2・・・かなり違う
3・・・どちらかと言えば違う
4・・・どちらとも言えない
5・・・どちらかと言えばそうだ
6・・・かなり合っている、大体そうだ

7・・・まったくその通り

1. 私は、自分の職場の同僚たちに比べ、仕事ができないような感じがする

2. 私は、しばしば、自分の仕事の量あるいは質に、もしくはその両者に強い不満を感じている

3. 私は、厄介な仕事であれば、割合簡単にあきらめてしまう（頑張ってやり遂げようという気持ちが起こらない）

4. 私は、職場の同僚たちに自分が仕事ができる人間だという風に、しばしば見せかける

5. 私は、非常に仕事ができる人たちや成功者と一緒にいると、何か気後れがする（気詰まりを感じる）

6. 私は、自分の職場の同僚たちが私のことを「仕事ができる人間だ」と評価してくれているとは思えない

7. 私は、自分が仕事上抱えているすべての問題について、私の代わりに解決したり処理してくれる人や、解決方法を教えてくれる人をいつも探している

8. 私は、仕事でプレゼンをしなければならない時は、いつも不安に駆られて、非常に緊張している

9. 自分がこの職場の一員だと感じること自体が、自分は仕事能力があるという強い自信を与

えてくれる

10. 職場のみんなと、仕事がうまくやっていけるということが、自分には仕事能力があると強い自信を与えてくれる

11. 職場のみんなと楽しい会話ができるということが、自分には仕事能力があると強い自信を与えてくれる

12. 職場のみんなに何かほっとした安心感を感じる（くつろぎを感じる）ことが、自分には仕事能力があると強い自信を与えてくれる

13. 人（上司、同僚、部下あるいはまた顧客）が何を考えているのかが理解できれば、それは自分には仕事能力があると強い自信を与えてくれる

14. 自分が職場の楽しい仲間の一員であると思うことが、自分の能力に、より大きな自信を与えてくれる

15. 私が今何をしているのか、また同僚たちが今何をしているのかを理解していることが、私に仕事能力があることを物語っている

16. 同僚たちと同じレベルで仕事をこなしているということが、自分の仕事能力に自信が持てるということを示している

17. 自分の仕事成果が同僚たちよりも優れていることを知っているから、自分の仕事能力には自信がある

18．私がすでに解決したのと同じ問題で、同僚たちが苦労しているのを見ると、自分の仕事能力に強い自信を感じる

19．私は、必要な場合、仕事上お手本（模範）になる人を探し、その人と同じか、あるいはそれ以上のことがやれる

20．私は、自分の仕事能力に常に自信が持てるように、いつも上司や同僚たちから、仕事の優れたやり方を学ぼうとしている

21．私の仕事上お手本になる人が仕事をどのようにやっているのかを、私はいつもきちんと観察している

22．社会的に評価の高い会社の一員になるということは、「自分は仕事のできる人間だ」という気持ちを強めてくれる

23．今の会社あるいは組織が評判を高めるということは、私の仕事能力に対する自信も高める

24．この会社あるいは組織の一員であるということは、自分の仕事能力が高いという自信を強く感じさせてくれる

25．私の仕事領域（職種）で、この会社もしくは組織に勤めているということは、自分の仕事能力に自信が持てることを表している

26．この会社もしくは組織に一体化し、自分もその会社もしくは組織の一員だと感じることは、自分が仕事に自信を持つうえで重要なことだ

27. 自分に対する批判的な見方や評価が、自分の仕事能力に関する自信に悪影響を与えるのではないかといったことなど、まったく気にならない

28. 私の仕事に対して、自分にとって重要な人（重要な上司や同僚、第三者）がどんな批判をしようとも、自分の仕事能力への自信はそう簡単には揺るがない

29. たとえ多くの人が、私の仕事に対してどんな批判や苦言を述べようとも、自分の仕事能力への自信はそう簡単には揺るがない

30. 私がやっていることや、やったことを低く評価したり、認めないという人もいるかもしれないが、私には「良い仕事をした、している」という自負がある

31. 他の人が認めようが認めまいが、今の仕事で、私の仕事能力は高い

計算方法

項目番号9～31は逆得点化する。平均得点を算出する。

解釈

平均得点が大きいほど（とりわけ6・00より大きい場合）、あなたにとって今の仕事や職場、会社はミスマッチで、仕事の自信も非常に低い。だから社内での異動や、転職を考えた方がよいでしょう。

自信を強めるポイント

得点（逆得点化後の得点も含む）が1と2の項目を改善して下さい。

・転職の意志と自信の強さ

オーネイルらの医師や看護師などの医療関係者の研究（37）によれば、仕事の自信は職務満足、組織コミットメント、離職意志との間に非常に低い非有意な相関があったが、公正感の強い人（自分の努力に対して大きな報酬を強く求めない人、利他主義的傾向が強い人）ほど、仕事の自信が強くなるにつれて、離職の意志が非常に高まった。仕事の自信の測定には、彼らはバンデューラが開発した8次元32項目スケールを使用している。しかしこれは実際には職務記述書に記載されているコアタスクをベースに作成したものです。そこで、ここではもう少し一般的な測定スケールを採用します。

カガーリ（30）は電気工学専攻の大学生の職業選択の決定要因を明らかにし、就職に役に立つ教育カリキュラムと実践的な訓練の開発を試みた。サンプルはウガンダのキャンボゴ大学の電気工学専攻の最終学年ですでに働いている学生46名、会社の従業員（卒業生）90名、その会社の監督者50名。この調査で彼らは会社選択の動機を調べるために35項目からなる詳細なスケールを開発した。これを筆者が、働いている人の転職の意志と、転職の自信の強さを測定するために、30項目に作り変えました。

以下の質問項目すべてについて、あなたのお気持ちやご判断を、次の1~7の数字の中から1つ選んで、お示しください。

1・・・まったく違う、決してそんなことはない
2・・・かなり違う
3・・・どちらかと言えば違う
4・・・どちらとも言えない
5・・・どちらかと言えばそうだ
6・・・かなり合っている、大体そうだ
7・・・まったくその通り

1. 今の会社は、私に仕事の上で挑戦する機会を与えてくれる
2. 私の仕事（職務）は、この会社では非常に重要なものだ
3. この会社は、私が持っている知識や能力、技術を活用できるチャンスを与えてくれる
4. この会社は、新しい知識や技術などを学習する機会を与えてくれる
5. 私は、仕事スキルの点からは、この会社では十分やっていける
6. この会社で働くことは、周囲の人たち（家族や友人、知り合い、など）に対して自慢ができる、気後れしない、世間体が良い

7. この会社で働けば、生活上の金銭的な不安がない
8. 転職できる会社があれば、とにかく今すぐにでもこの会社を辞めたい
9. 向こう3年以内には、この会社を辞めるつもりだ
10. この会社ではもう働きたくない。たとえ転職先が見つからなくても、とにかく辞めたい
11. 私は自分の適応力が高いと思う
12. 私は、仕事でも何でも、たとえ結果が不確実であろうとも、積極的にリスクを取ってしまう（一か八かやってみる）傾向が強い
13. 会社の中で仕事や職場が変わったり、どんな変化が起ころうとも、あまり気にならない。どちらかと言えば面白そうで、大歓迎だ
14. 仕事で自分に降りかかってくる問題は、たとえ厄介なことでも、自分には解決できると思っている
15. 新人や知らない人、自分と考え方や生き方、性格が違う人たちと一緒に働けるということは、自分にとって楽しいことだ。何か面白いことがありそう
16. 私は自分のキャリア目標というものを明確に持っている
17. 自分は何ができるのか、つまり自分の強みはよく分かっている
18. 自分がうまくできないことや苦手といった、自分の弱みはよく分かっている
19. 周りの人たち（家族、友人、職場の上司や同僚、部下）には、仕事を通じて、自分という

人間をよく知ってもらいたい

20. たとえ休日であっても、働かなければならない時は、一生懸命に働く
21. この会社で働けることに、誇りを感じる
22. 私は会社人間で、自分や家族の幸せは、会社次第だと思っている
23. 今の仕事に没頭でき、幸せだ
24. 私は会社に対して忠誠心が強い
25. 自分はプロフェッショナルで、会社はそれなりの処遇をすべきだと思う
26. 私は、どちらかと言えば、自分だけを信じる方だ
27. 上司は私に一目置き、敬意を払っていると感じる
28. 上司は、私を信頼し、私に仕事を任せてくれる
29. 上司は、私に期待して、社内外での様々な学習の機会に参加できるように配慮してくれる
30. 上司は、私のキャリア・プランの開発を積極的に支援してくれる

計算方法

転職の意志の強さを測る項目番号は、1～10、13、20～25、27～30、そのうち逆得点化項目は、8～10、25。

転職の自信の強さを測る項目番号は、11、12、14～19、26。

いずれも、平均値を算出する。

解釈

転職の意志の強さを測る全項目の平均値は大きいほど、転職の意志が弱い。

転職の自信の強さを測る全項目の平均値は大きいほど、転職に関して強い自信がある。

自信を強めるポイント

得点（逆得点化後の得点も含む）が1と2の項目を改善して下さい。

Ⅳ　自信を一般的に強める方法

1．バンデューラの自己効力理論に基づいて自信を強める方法

　危機を克服するうえでも問題を解決するうえでも、とりわけ重要なことは自信（自己効力）を強めることでしょう。将来の危機や問題を克服・解決して行くうえで重要なものは、すでに持っているスキルでもなく、これから獲得するであろうスキルでもなく、「自分ならできる、やれるだろう」という強い気持ちです。将来の危機や問題に現有のスキルが役に立つという保証は何もありません。

　また同じ問題や事態が起こっても、それに強くストレスを感じる人もいれば、そうでない人もいます。じつはこのストレス知覚に関しても、自信が強く作用します。ここでは精神分析でよく問題にされる強迫神経症も含む神経症的な人ではなく、普通の人を想定します。

　前述の通り、我々が普通使っている自信という言葉は、正確には自己効力と言います。これはバンデューラが１９７７年に開発した概念で「自分は、良い結果（成績、成果）に繋がる（生む）行動を取る（行う）ことができる、あるいは能力があるという強い気持ちないしは信念」のことです(18)。つまり自己効力というのは、自分がすでに持っている知識やスキルその

ものではなく、それを用いて自分には何がどの程度できるのかという自分自身の判断（力）のことなのです。これには2つの形態（一般的自己効力、特定自己効力）があります。

この自己効力（感）を強める（高める）には、前述の通り、次の4つの源泉があります。

・行動遂行（試行錯誤あるいは成功失敗体験）
・観察学習（代理学習、代理経験）
・言語的説得
・情動喚起（情緒的または生理的な快感・不快感の知覚）

2つの自信のタイプ分類とこれらの源泉に基づいて、会社側が従業員の「自分という人間に対して、仕事に対して、家庭生活に対して」一般的に自信を持たせよう、強めようとすると、教育研修や自己啓発プログラムを活用する必要があります。もちろん、会社側としては従業員が働きやすいように、働く意欲を高めるように、さまざま人的資源管理政策（働き方改革のための職務分析、給与・昇進管理、福利厚生管理、など）や組織文化・風土、組織構造、組織プロセス、などの改革も求められるでしょう。

しかしここでは、従業員のパーソナリティ、態度、行動の各局面に焦点を当てて、会社側が従業員の、また上司が部下の自信を強める方法を32、提案します。提案内容が類似している項目もありますが、それは、たとえば行動の見地から、あるいは態度の見地から、区別したからです。

自己効力理論に基づく自信強化の方法

パーソナリティ局面

・多くの人と交わり、さまざまな体験を積ませ、視野を広げて下さい

・人の話や意見をよく聞き、相手や周囲の人たち、さらにはその場の雰囲気や状況などにも気を配るように指導して下さい。つまり対人関係能力を高めて下さい

・コミュニケーション力の優れた人の話し方や応対方法を学ばせ、コミュニケーション力を高めて下さい

・さまざまな能力（高い仕事業績や幸せな家庭生活の実現に必要な）が高まるように支援して下さい

・いつも自分を他人と比べるのではなく、自分はこれで良いのだと思うことが大切だと気づかせて下さい。劣等感を持たせないようにして下さい

・人から褒められたり注目されたら、素直に喜ぶように指導して下さい。素直に喜ぶと、相手も喜んだり、好意を持って、さらに多くの情報を提供してくれるようになる。結果、情報獲得力を高めることに通じます。またそのように感情表現力を豊かにすると、相手に安心感も与えることになります

態度局面

・成功しても偶然だとか運がよかったと思うのではなく、それは自分の努力の結果なのだと信じさせて下さい。そのためには、冷静に自己分析と評価をさせて下さい

・しなければならないことは、とにかく迅速に能率よくやってしまうことが大事だと思うように導いて下さい。ただしその際、完璧を求めないようにさせて下さい

・何でもよいから、成功体験を積ませて下さい。この経験がリスクを恐れず、「やってみよう」という積極的な問題解決の意欲につながります

・他人の成功体験を学ばせて下さい。成功するうえで、人が問題にどういう姿勢で臨み、どう取り組んだかを学ばせて下さい

・成功している人と自分を比べないように指導して下さい。自分の欠点や短所ばかりに目を向けたり、劣等感を持たないようにさせて下さい

・問題解決に積極的に取り組むように、とにかく励まして下さい。この場合、とりわけ積極的に取り組む姿勢、意欲を作ることが大切です

行動局面

・とにかく最初の第一歩を踏み出させて下さい

・何にでもがむしゃらに挑戦させる、出来れば挑戦し続けさせて下さい。失敗を恐れずにチャレンジさせて経験を積ませて下さい。たとえうまくいかなくても、叱ったり、馬鹿にしたり、減点評価は決してしないで下さい

・何でもよいので、とにかく達成感、成功感を感じさせて下さい

・できないことやしたくないこと、興味のないことには、たとえ親や友達、教師から求められたとしても、勇気を持って直ちに断るようにさせて下さい

・自分の強みを見出し、一層強めるように励まして下さい

・人の良い面や優れた点は素直に認めるようになるように指導して下さい

・たとえどんな欠点があろうとも、今の自分を好きになるように指導して下さい

・自分のことや自分の家族、持ち物の自慢話をしない、出来るだけ他人を批判したり否定しないように指導して下さい

・他人と意見の対立や食い違いがあるのは当たり前、自分を好きな人もいれば嫌いな人もいるのが現実だと、強く思うように指導して下さい。弱い人間ほど、人の目や噂を気にしすぎるし、周囲の人たちに同調して周りに流され、自分という人間を見失ってしまう

・他人からの批判や否定、ねたみ、告げ口、悪い噂を恐れずに、自分の考えやアイディアは明確に主張するように指導して下さい。これが強い人間を作ります

・やってみたいことや、出来ると思うことは積極的にやるように、動機付けたり励まして下さ

い

・自分にできるかどうか不安な問題は、それをうまくやっている人を模倣させて、とにかく解決させて下さい。解決の努力を続けさせて下さい。そして、とにかく達成感を感じさせて下さい

・ミスをしたら「誰でもミスをするものだ」、「誰でも失敗を重ねて成功や成長していくものだ」ということを体験させて下さい、また納得するまで説得して下さい

・ミスや失敗は自分を伸ばすチャンスなのだと強く教えて下さい。できれば信念になるようにして下さい

・ネガティブな口癖や態度、ものの考え方（自分は何をやってもうまくいかない、・・・君は家が金持ちだからとか頭がいいからいいよなー、そんな難しいことは俺には分かんないよ、など）をする傾向があれば、どんなときにもそれは決してしないように指導して下さい。そういう傾向が、問題解決ができない自分にしてしまいます

・どうしても今の自分には分からない、出来ないと思ったら、「分かりません、出来ません」とはっきり大きな声で返事をするように指導して下さい

・やれること、しなければならないことは先延ばしせず、すぐにやらせて下さい

・新しい問題や難しい問題を解決しなければならない時は、気持ちや時間に余裕を持って慎重にじっくり取り組むように指導して下さい

・問題解決の際は必要不可欠なことだけに集中し、無駄なことはしないようにさせて下さい。勉強ができない、仕事ができないといった人には、無駄が多いし、またあえて忙しそうに見せるとか、頑張りすぎるといった傾向があります

・問題がうまく解決できない時でも、弁解や愚痴を言わないようにさせて、その原因は自分の努力不足や判断の甘さにあると強く思うように指導して下さい。勉強や仕事ができない人ほど、愚痴が多い、弁解が多い、周囲の人の目を気にしすぎるのです

2. 自信を強めるために不可欠な能力や人格を高める方法

自信と他の主要な心理的要因との関係ー自信の因果モデルー

ここでは主に発達心理学や組織心理学（20）などに基づいて提案します。その前に、ここで取り上げる心理現象が自信とどういう関係にあるのかについて少し触れておきます。

自信というのは、前述の通り、「自分は、良い結果（成績、成果）に繋がる（生む）行動を取る（行う）ことができる、あるいは能力があるという強い気持ちないしは信念」のことです。つまり自信がある人というのは「やれば、できる」という強い気持ちを持っている人のことです。この自信を強めるうえで最も有効なものは経験を積むことでしょう。しかしいくら経験を積んでも、自信がそれほど高まらない人もいます。その原因は、その人の学習能力と性格

でしょう。この学習能力と性格が、生きていく上で不可欠な能力（対人関係能力、信頼獲得力、問題解決能力、ストレスに耐える力）や問題解決の意欲を作り上げていきます。これらの能力と意欲が、じつは自信を形成するのです。

自信がある人は、解決が難しいことや、出来るかどうかわからないが克服しなければならないようなことにも積極果敢に取り組んでいきます。自信がない人は、自己保身に陥り、とにかく失敗することを恐れて、自分にできそうもないことにはしり込みしたり、責任転嫁しようとします。このように、自信がある人はものごとの解決に積極的に取り組み、結果を出していきます。結果が成功であっても失敗であっても、それは学習されていきます。その学習が、対人関係能力や問題解決能力などをさらに強化し、その結果、自信がさらに強くなっていきます。失敗を恐れて何もしない人には、そのような機会は生まれません。

しかも、ストレスに強くなると、自信も強くなってきます。また自信が強まれば、ストレスを感じることも少なくなります。ストレスと自信は相互作用関係にあります。

ストレスというのは、前述の通り、欲求や願望が満たされないとか、体調不良、家族や友人との人間関係の軋轢、学校や職場での自分の役割や期待を果たせないこと、天気や交通事情などによって通勤・通学に支障が出ること、などさまざまなストレッサーから生まれます。つまりストレスを感じるというのは自分自身の欲求や願望を満たすことができないとか、自分を取り巻く様々な環境の変化に適切に対応できないとか、問題を解決・克服できないと感じる・

思っている状態のことです。ストレスを感じると、心理的なストレス反応（不安、苛立ち、情緒不安定、無気力、強い緊張、ものごとに集中できない、など）と、生理的なストレス反応（過度の動悸や発汗、吃音、体が固まる、震え、食欲不振、強い疲労感、頭痛、など）が発生します。このストレスにうまく対処するのはじつに難しいことです。というのは同じ人でも、時間と場所、周囲の人によって、ストレスの原因であるストレッサーが、そしてその強さが変わるからです。

また、自信を作り上げたり、強めたりするうえで、アイデンティティ（後述）が非常に重要な働きをします。アイデンティティが強く形成されるほど、自信が強まります。自信がない人は、アイデンティティが明確に出来上がっていないのです（アイデンティティのモラトリアム状態もしくは拡散状態にあります）。アイデンティティの形成が不十分、あるいは不適切な人が自信を失っている場合、自信を持たせる、あるいは強めることは非常に難しいことです。そもそも自分がどういう人間なのかが分からない、何を本当にやりたいのかが分からない、何をすべきかも分からない人に、何々について自信を持ちなさいと言っても、意味がないのです。何に自信を持てばよいのか分からないし、自信を持ってもそれが自分にとってなぜいいのかが分からない。そういう人は、上司や周囲の人たちから与えられたこと、求められたことを、ただやろうとするだけで、それは単に「やりました、終わりました」という経験であって、自分がはっきりと自覚する自信は生みません。自信がないのは、アイデンティティが十分確立して

図表６　自信と他の主要な心理的要因との関係－自信の因果モデル－

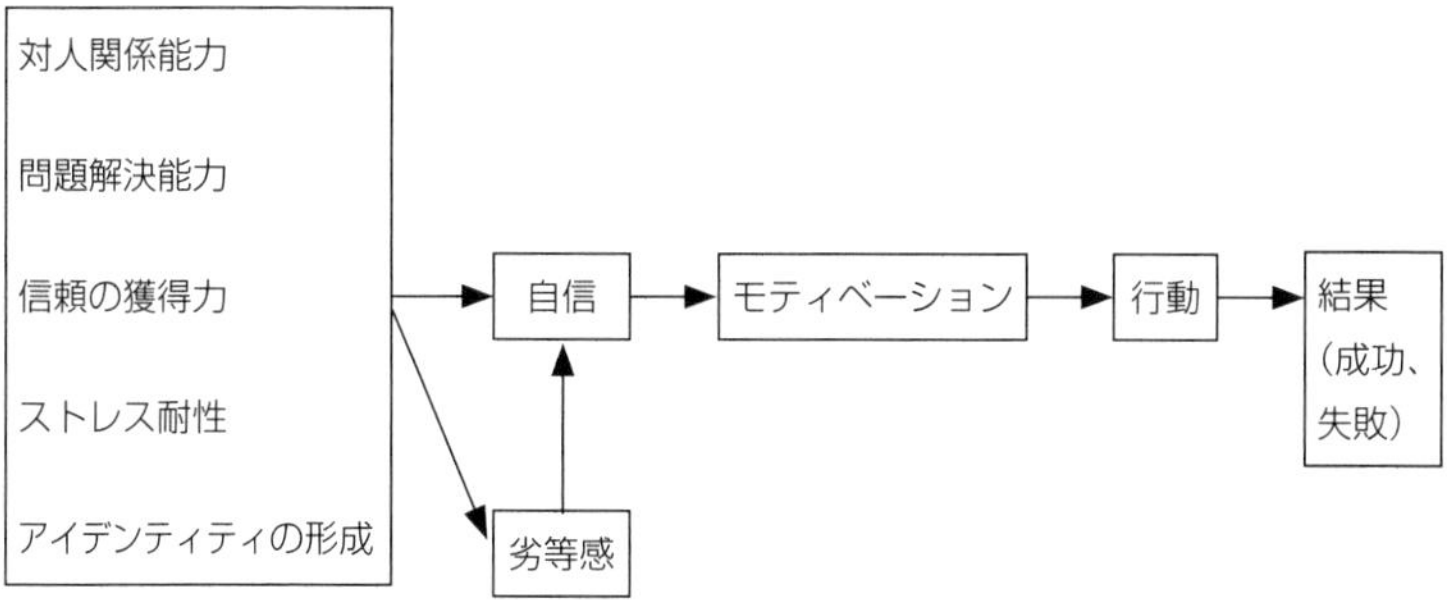

いないのでアイデンティティの達成感が得られないからです(14)。それを得るには、自ら危機克服力（問題解決力）を高めること、そしてストレス耐性の強化が必要なのです。自信を強めるうえで、アイデンティティは非常に重要な心理現象（意識）なのです。

しかもアイデンティティの状態と自信は極めて密接な関係にあります。相互作用関係といってもいいでしょう。アイデンティティが健全に発達している人は対人関係能力も問題解決能力も高く、結果として自信も強いのです。また自信のある人はアイデンティティが健全に発達しているのです。しかし現実は青年の大半がアイデンティティ未発達の状態にあります。だから青年には自信がない、弱い者が多いのです。しかもこれは人間の発達上当たり前のことなのです。

最後に、劣等感が自信と複雑な相互作用関係があります。普通、劣等感を持つと、また強くなると、自信がなくなっていきます、そもそも生まれません。しかし自信がない、あるいは弱くなると、劣等感が強く生まれてきます。そうすると、強い劣等感は、何かをしようとするモティベーションを萎えさせます。と同時に、自信形成の諸要因にも悪影響を与えます。まさに悪循環が起きてきます。

以上の関係を図示すると、図表6のようになります。ただし、各要因の間には複雑な相互作用関係も考えられますが、ここでは主要な関係に焦点を当て、各要因間の因果関係を提示します。

それでは、それらの能力などと自信の関係をもう少し見てみましょう。

対人関係能力を高める方法

対人関係（人間関係）というのは個人と他人の間の心理的な関係のことで、代表的なものには親子関係、夫婦関係、友人関係、信頼関係、上司－部下の関係、同僚関係、取引先との関係、などさまざまなものがあります。対人関係能力が高い人は、相手と良好な心理的関係を形成、維持、向上させることができます。この対人関係能力を形成し発揮する最終目的は、相互信頼関係の形成・維持なのです。

ここでは、対人関係能力を高める方法として、対人魅力知覚理論（好意形成の一般理論）、グラッサーの幸福形成理論、シリュルニックの心理的回復力の強化理論、フランクルの苦しみ克服の理論を取り上げます。

対人魅力知覚理論

人から嫌われたくない、好意を持ってもらいたい、自分を好きになってもらいたいと、誰しも思います。そうなるにはどうすればよいのでしょうか。自然とそうなる人もいれば、努力してそうなる人もいます。しかしどちらにも、共通の原理があります。

現在、人間関係の形成で不可欠な「好意」がどのようにして作られていくのか、生まれてくるのかを形成を説明するために、いくつかの理論があります。それは対人魅力知覚理論（好意形成の一般理論）、強化理論、交換理論、公正理論、獲得－喪失理論などです(20)。それをベースに筆者が対人関係能力を高める方法を開発しました。

対人魅力知覚理論に基づく対人関係能力の強化法

対人魅力知覚理論に基づくと、以下のような能力が対人関係能力を高めます。

・相手と頻繁にコミュニケーション（ヴァーバル・コミュニケーションとノン・ヴァーバル・コミュニケーション）が取れる状況を作り、かつ頻繁にコミュニケーションを取る。

こうするうえで重要なことは、たんに相手との間に物理的な距離を狭めるだけでなく、心理的な距離（パーソナル・スペース）を狭めることが大事です。そうすると、お互いに相手に関する情報の量と質が高まり、相手と安心して付き合うことができるようになります。

・相手に、自分の人間的な魅力や身体的な魅力（とりわけ容貌）を伝える能力を高める。

人には「平凡な人や美しくない人よりも、美しい人を好む」という傾向があります。これは、私たちの世界には「美しいことは善いことだ」という社会規範があるからです。私たちは一方的に、美しい人はそうでない人よりも知的で、感じがよく、幸せそうで、成功可能性が高いと思い込む傾向があります。だから、好意を持ってもらいたい人に対して、自分の魅力を感じさせる、伝える能力が必要です。

・問題解決能力を高める。

人には「ものごとを苦労して何とかやっている人よりも、てきぱきと処理する有能な人を好む」傾向があります。というのも、有能な人ほど、自分に多くの利益（知識や方法・技術、満足）や希望を与えてくれる可能性があり、また自分もそういう人間になりたいと思っているからです。

・どんな人にも長所と欠点がありますが、相手の欠点には目をつむり、善いところを見つける能力を高め、相手に好意を持つ。

人には「自分に関心や好意を心から持ってくれていると思える人に、好意を持つ」という傾向があります。そういう人は自分に危害を与えないだろうし、不愉快なこともしないだろうから、安心していられると思うからです。また自分という人間の価値や存在意義を認めてくれると思うからです。

・相手の考え方や生き方などから大きく乖離せずに、自分がその相手に近い人間だと感じさせる、思わせる能力を強める。

「人は自分と類似した他人に好意を抱く」傾向があります。というのも、その類似性が自分というものを正当化してくれますし、自分に対して自分がポジティブな感情が持てますし、また相手と言い争いや喧嘩とか不愉快な経験をすることが少ないと思うからです。

・相手が価値を置いている、求めているが持っていない何か（性格や能力、身体的魅力）を自分が持つことです。

人は自分に欠けている面を持っている人に魅力を感じます。自分もそうありたいという願望があるからです。また相手との関係が親密さを深めるほど、人は互いに協力し合って、より大きな意義のあることや物を作っていきたいと考えます。つまり相補性要求です。

グラッサーの幸福形成理論

グラッサーは、人間が幸せに生きていく上で、対人関係能力が最も大事だという。彼によれば[11]、

1. 人は皆生まれつき社会的な存在だから、生存欲求は別にして、愛と所属欲求が最も強い欲求である
2. 親密な人間関係がうまくいかなくなると、人は不幸を感じる

3. 過度に不幸を感じると、通常は、精神疾患を発症し、さまざまな兆候を表す
4. 心理的な問題のほとんどは、対人関係を修復することで治療することができる。向精神病薬はいらない

この主張の背景としては、

・人は皆、喜びを増し、苦しみを減らすという行動を取るように動機づけられている。
人は、基本的に、自分をより良い気持ちにさせるように、考え、振舞うことを望んでいる。

・あらゆる喜びと苦しみは、遺伝的に組み込まれた5つの欲求（生存、愛と所属、パワー、自由、楽しみ）を満たそうとする努力から生じている。これらの欲求のうち、どれか1つでも満たす行動は喜びを生む。しかし、それに失敗すると、苦しみをもたらす。これらの欲求の満足は、究極的には、人間同士の相互関係を通じてのみ可能である。

グラッサーの対人関係能力の強化法

それでは、対人関係能力はどうすれば、高めることができるのでしょうか。とりわけ、引っ込み思案や我が強い、自己中心的、自分の世界に没頭する、周囲の人たちに嫌われている、とかいった人であれば、

・先ず、周囲の人たちとどういう関係を持ちたいのか、何をしたいのかを明確にさせて下さい。

・次に、そのためには具体的にどうすればよいのかを、その人に探し出させ、明確にさせて下さい。その際、あくまでも人間関係に焦点を当てるようと指導する。つまり人間関係の改善策探しです。

・その人が実際にしている友達付き合いや、親密になろうとしている行動が、その人が本当に目指している人間関係の姿を実現するのに役に立っているのかどうかを、自分で評価させて下さい。

・最後に、その評価結果に基づいて、次にどうするかを、その人自身に考えさせて、実行させて下さい。

要するに、グラッサーは自己改善努力を通じて対人関係能力の向上を高めさせようとします。

心理的回復力の強化理論

シリュルニックによれば、悲劇に見舞われた時、大きなダメージを受け、深刻な抑うつないし失望に沈み込み、耐え抜こうとする意志さえ失う人がいるという。災厄にすっかり心を奪われ、悪夢やフラッシュバック、不安にさいなまれます。他方、そういった災厄から大きなダメージを受けることなく、すぐに立ち直れる人もいます。彼らは、苦しみに満ちた状況を乗り切り、前進していくことができる。この差を心理的回復力の違いだと彼は考えました（11）。

彼は、心理的回復力とはそもそも個人に備わった性質や能力ではなく、他者との相互作用（人間関係）を通じて形成されるという。この人間関係を通じて形成されるポジティブな感情とユーモアが、心理的回復力の鍵だという。ポジティブな感情とユーモアを身につけた人は、人生の困難やトラウマに対して、よりよく対処でき、困窮の中にも意味を見出し、それを啓発的で有用な経験と見なす。それどころかそれを笑い飛ばすこともできる。心理的回復力のある人は、たとえ現在がどんなに苦しくとも、将来、事態がより良い方向に転じるかもしれないと考えます。

　心理的回復力の旺盛な人は、苦しみというのは立ち向かう決断を要する試練だと考えます。つまり何が起こっても、ただこれまでの経験や人間関係に頼るだけではなく、それに耐える新たな方法を見つけ出し、克服し、前進していくことができます。

　人は正しい支援さえ与えられれば、トラウマからすっかり回復する力を秘めています。トラウマを負った人の脳は脳室と大脳皮質の縮小を示しますが、トラウマを負った後で、十分な支援と愛情を受けた人は、一年以内に脳が正常に戻ることがＭＲＩ断層撮影で確かめられているそうです。

　トラウマを構成する要素には２つあります。１つは、心に負った傷であり、もう１つはその傷が再現されることです。ダメージの大きなトラウマというのは、その出来事について他人や世間が貼るレッテルなのです。レッテルを貼られることで、ダメージが一層大きくなり、元の経験以上にひどい結果をもたらすのです。

　心理的回復力を作り上げたり強めようとすれば、その人が周囲の人たちと楽しい良好な人間関係を作っていくのを暖かく見守り、場合によってはそれを促進してやる必要があります。その人間関係を通じて、人はポジティブな感情とユーモアを身につけていき、苦しみを乗り越えていく心理的回復力を高めていきます。

　ポジティブな感情とユーモアを身につけた人は、職場でのいじめや、今まで親友であった人が自分から疎遠になっていく、みんなの前で上司からひどく叱られる・馬鹿にされる、などの疎外感や屈辱感に対して、よりよく対処でき、それを啓発的で有用な経験と見なすことができる、それどころかそれを笑い飛ばすこともできます。いわゆる、たくましい人間です。

　たくましい人間というのは、心理的回復力の旺盛な人であって、だいたい楽観主義、前向きで、たとえ現在がどんなに苦しくとも、将来、事態がより良い方向に転じるかもしれないと考える傾向があります。また、何が起こってもこれまでの経験や人間関係に頼るばかりではなく、それに耐える新たな方法を見つけ出す如才なさと問題解決力を持ち、克服して行くという行動力も兼ね備え、前進していくことができます。

　要するに、シリュルニックは人間関係を通じてポジティブな感情とユーモアを身につけさせ、さらに促進させ、対人関係能力を強めて、心理的回復力の強化を図ろうとします。

シリュルニックの対人関係能力の強化法

・周囲の人たちと楽しい良好な人間関係を作っていくのを暖かく見守って下さい。場合によってはそれを促進してやる必要があります。

職場の人間関係は通常自然と出来上がるものですが、上司や会社側としては、仕事での協力関係を作るとか促進する、配置転換・異動、減点主義の人事考課の廃止、クラブやサークル活動の支援、旅行やさまざまなイベントの開催なども、人間関係の形成に役に立つでしょう。

・その人間関係を通じて、ポジティブな感情とユーモアが身についていくのを暖かく見守る。場合によってはそれを促進してやる必要があります。

とりわけ人間関係では、楽観主義、前向きにコンタクトするように指導して下さい。解決・克服することが難しい、苦しい状態に陥っても、そのうち何とかなるさと笑い飛ばす人間になるように指導して下さい。

苦しみ克服の理論

ここで苦しみというのは、自己の身体的特徴や友人との人間関係、家族や職場の中での役割の変化、経済的問題、進路の決定などで悩んだり、辛さを感じたり、困難を感じたりと、心を痛めたりしている状態を指します。

フランクルは、人間には苦しく破滅的な状況でも、それに耐え抜き前進するための二種類の強さがある、と言います。それは決断する力と、自由な気持ちを持つ能力です(11)。彼は、人間は環境や出来事に左右されるだけの存在ではないと強調します。人は人生を、そしてそこにおけるさまざまな出来事を自由に自分なりに意味付けをし、また将来を決断できるものなのです。

彼は、苦しみはその意味が見いだされる時に、耐えうるものとなり、苦しみではなくなる、と言います。この意味とは、改めて考えだすものではなく、すでにあるものの中から見出すものだという。過去に例があり、その効果が立証されているだけに、その意味付けは信頼されやすいのだという。この意味付けが適正にできる人ほど、苦しみから解放されます。しかも多くの人たちと交わり豊かな経験をしてきた人ほど適切な意味付けができます。こういう人は高い対人関係能力を持っています。つまり高い対人関係能力を持っている人ほど、苦しみから解放されるのです。

フランクルの対人関係能力の強化法

以下の順序で、人間関係に悩んでいる、苦しんでいる人を助けることができるでしょう。

・その悩みや辛さが実際どういうもので、どのくらいひどいものなのかを、その人自身に具体的に認識させる。

・次に、それがその人にとってどういう意味を持っているのかについて、その人自身に考えさせる。場合によっては、上司や周囲の人たちも一緒になって、過去のケースから探し、見出す。

　ただし、その際、とりわけその人自身に、過去のさまざまなケースに心を広く開かせ、何かに囚われたり固執するのではなく、真っ白な状態で自由にケースを検討させることが重要です。たとえば、ある社員が職場の中でいじめられたり仲間外れにされたり無視されたりして、苦しんでいる場合、その社員を苦しめている者やその動機を追及して、それをやめさせようとするだけではなく、いじめられている社員自身が「自分の今の苦しみは、過去の誰々の例に見られるように、・・・の点で自分を強くしてくれるとか、誰々のようにもっと良い仕事をして成績を上げるきっかけになるとか、この辛さを経験しているから将来は良い管理職になれるはずだ」という風にポジティブに解釈するように導く。

・しかし解釈し直すだけではだめで、そこには、その意味付けしたこと（過去に実際にその問題の解決に役立った態度や行動）を実行するという決断と、実際に行うことが不可欠です。

　この解決方法は、自分を苦しめているもの・原因を取り除くことがむずかしい場合に、とりわけ有効でしょう。しかし、取り除くことがそれほど難しくなければ、やはり除去した方が良いでしょう。心理療法よりも、外科手術の方が根治的解決につながるでしょう。

　要するに、対人関係能力を高めれば、人間関係が豊かになり、苦しみから抜け出す可能性が高くなる。苦しみから抜け出せば、人はまた多くの人たちと積極的に交わり、さまざまな経験をしていき、対人関係能力を高めていくことが出来るようになっていきます。つまり対人関係能力の向上の好循環が生まれます。

強い劣等感を取り除く方法

劣等感というのは自分が劣っていると感じること、つまり弱点や欠陥などを意識した時の感情です。この感情は、周囲の人たちや自分が気になっている人と比べたり、とくに自分が親密な関係にあったり、信頼している人から指摘されると、強く発現します。これはどんな人にも普遍的に存在する、いわば人間として正常な感情であって、自尊心の対概念です。優越感の裏返しが劣等感なのです。何かしら劣等感のない人はいないと言ってもよいのです。

劣等感は本来不快なもので、ネガティブに捉えられます。劣等感に打ちひしがれて、何事にも自信を失い、委縮してしまい、自暴自棄あるいは引きこもりの生活に陥る人もいます。また、しばしば人を非合理的な行動に駆り立てます。たとえば、劣等感を隠すために、一時しのぎの見せかけに走ることがあります。自己顕示、尊大さ、突っ張り、攻撃などがそれで、これを過剰補償とか防御的攻勢といいます。この劣等感がコンプレックスを形成し、無意識の領域にまで浸潤してしまうと、自我の統制が利かない、訳の分からない過剰反応を引き起こします（劣等感が刺激されそうな状況を極端に恐れたり、ちょっと刺激されただけでも異常な反応を起こす）。しかし、そうばかりではありません。劣等感を克服しようとして、建設的な努力を重ねて、優れた成果を生み出したり、偉大な人間になったケースもあります。

劣等感は自分の身体的特徴（容貌も含む）や能力、性格を他人や周囲の人たちと比較し、主観的な評価によって生まれてきます。また、周囲からの、とりわけ幼少時に親から否定的な評価や態度、行動（否定・拒絶、無視、暴力）によっても形成されます。このような劣等感は、しばしば親や周囲の人たちの思い込みによって作られるので、本人自身の努力ではなかなか克服しにくいものです。

劣等感は前述の通り、自信と極めて密接な相互作用関係にあります。これを取り除く、あるいは緩和するための方法を、ここではアドラーの主張に基づいて提案します。

アドラー（Adler,A.,1870-1937：ウィーン生まれの医師で、フロイト学派から離反）は、強い劣等感にさいなまれる最大の原因は、自信がないために自尊心（プライド）が守れないからだという。自尊心の弱い人は、劣等感が強いのです。彼は、身体障碍者を研究して、障碍者で高度な運動能力を発揮する人とそうでない人の間で、その障害を強力な動機付けの力にできるかどうかに違いがあることを発見しました(11)。しかも障害を動機づけの力にしうるかどうかは、その人の自尊心にあったのです。

彼は「人間であるということは、自分が劣っていると感じるからだ」という。劣等感を持つのは人間であれば、当たり前のことなのです。かえって劣等感を持っていない人間の方に問題があるのです。いわゆる自己中心で、自信過剰で、傲慢な人です。彼は、自分が劣っていると感じるのは、幼児期にその起源を持つ経験によるという。子供は常に自分よりも優れた身体的能力や優れた精神的能力を持った人々（親、教師、大人）に囲まれているから、自然と劣等感を感じる。この劣等感を拭い去りたいために、子供は周囲の人たち、とりわけ親や年長者の能力に近づこうとする。これによって、子供は、自分自身を発展させ、目標を達成しようという気になるのです。

通常、子供であれ大人であれ、目標を達成できると気づくたびごとに自信を獲得していきます。劣等感というのはそもそも、次の目標が現れ、克服できないと気づくまでは発生しません。しかし劣等感でも、能力のみならず容姿や美醜などの身体的な劣等感を抱いた人は、劣等感が一般化し、劣等感コンプレックスに行きつく危険性があります。そうなると、劣等感はなかなか取り払うことはできません。他方、目標に到達したいとたえず望む人には、優越感コンプレックスという症状が現れることがあります。こういう人は、目標を到達したからといって、自信は生まれず、絶えず目標達成に駆り立てられます。この原因は、その人が他者からのさらなる認知と達成を求めるように駆り立てられるからです。どちらのコンプレックスも、バランスを欠いた人格を形成します。

劣等感を持つことが人格形成にどのような影響を及ぼすのかについて、彼は次のような主張をしています。

1．どんな子供・大人でも劣等感を持つが、それは彼らの周りに強くて優れた人々がいるからだ
2．劣等感は、頑張って何事かを達成しようという動機付けとなる
3．健全でバランスの取れた精神を持った子供や大人の場合、成功が劣等感を吹き消してしまう。その結果、自信を強める
4．他方、健全でバランスの取れた精神を持っていない子供や大人の場合は、成功が劣等感の克服をもたらさない。その結果、劣等感コンプレックスだけが大きくなる

強い劣等感を取り除くポイント

劣等感を取り除く、緩和するには、まず人が何かしら劣等感を持っているのは当たり前だという認識を持たなければなりません。適度の劣等感は成長を促進させるモティベーターとなります。しかし過度の劣等感が見られ、それを取り去るあるいは弱めなければならないと思う場合、劣等感を生んでいる対象（問題）について、低いハードルから始め徐々にそのハードルを高めていって、最終目標を達成させ、劣等感を克服させることが必要です。人はハードルをクリアできたと気づくたびごとに自信を獲得していきます。これが自尊心（プライド）を守る、また強めることに通じます。

しかし能力のみならず容姿や美醜などの身体的な劣等感を抱いた人は、劣等感が一般化し、

最悪の場合、強い劣等感コンプレックスに行きつく危険性があります。そうなると、劣等感を取り除くのは非常に難しくなります。だから周囲の人（親や友人、など）は少なくとも相手の能力や、容姿や美醜などの身体的な特徴について厳しい評価をしたり、人前で言ったり、特に他者と比べては、決してなりません。それらは現時点でのその人の特徴あるいはまた個性だと考えなければなりません。そうしなければ、その人の自尊心（プライド）を否定したり、破壊してしまうことに繋がっていきます。

また将来、優越感コンプレックスという症状にさいなまれ、バランスの欠いた人間にならないように、目標を次々に与え続けるということをしてはなりません。与え続けると、人は目標を達成したからといって、自信を持つことができません。目標やそのレベルの設定、そしてその達成努力の仕方は、あくまでもその人自身に任せた方が良い。周囲の人は助言する立場に徹して下さい。

問題解決能力を高める方法

前記では、問題解決プロセスで、問題の性質に焦点を当てて、問題解決意欲を高める方法を説明しましたが、ここでは問題解決能力そのものを高める方法を、とりわけ創造的な問題解決に焦点を置きます。

バンデューラは「革新するということは既存の知識やスキルを、新しい考えや活動に再構造化し統合することを意味し、そのためには、新奇なアイディアの探求や新しい知識やスキルの獲得を妨げている、これまでの考え方を拒絶する（無効にする）さまざまな大量かつ強い認知的能力が必要である。とりわけ革新には、創造的な努力を持続させる確固とした自信というものが不可欠である」という（4）。問題を創造的に解決するには、たとえどれほどの時間と努力がかかっても、進歩がやる気を失わせてしまうほど遅々としても、期待する成果が極めて不確実なものであっても、社会的にその価値が十分に認められない可能性が高くても、自分が創造的と信じた努力を継続していくしか方法はありません。

・問題解決のプロセスの改善による問題解決能力の強化

問題解決は、個人であろうと集団や組織の場合であろうと、次の6ステップを取ります（20）。

第1ステップ　問題の発見・確定
第2ステップ　問題の重要性の識別
第3ステップ　望ましい解決策の探求と評価
第4ステップ　望ましい解決策の選択
第5ステップ　望ましい解決策の実行
第6ステップ　結果の評価のための情報フィードバック

個人が問題解決をする場合、以下の要因が強い影響を与えます。つまり、人は以下の要因の下で問題解決をしているのです。だから、これらを明確にしたり、適正化したり、改善することによって、問題解決能力を高めることができるでしょう。

・価値観と選好

問題を解決しようとしている人が、その問題解決にあたり何を重視しているのか。たとえば自分の価値観なのか、好き嫌いなのか。

・将来何が起こりそうなのかに関する問題解決者の個人的な予想ないしは予言

・その問題の解決策に対する問題解決者の感情（イメージも含む）、自己価値感及び直観

一般に人は、ある問題解決策を採用する際、その結果が自分にどんな影響を与えるのかという予想もしくは予測に強く影響される。成功感や達成感が得られるのか、失敗感や屈辱感、失望感、無力感を味わうのか、自己価値感や自信が高まるのか。

・ストレス知覚

たとえ問題解決能力が高くても、強いストレス下にあると、人はその能力を十分に発揮できません。しかし適度なストレス知覚は問題解決能力をよりよく発揮させます。つまりフラストレーション克服のために心的エネルギーを集中したり、環境情報に対する感受性を鋭敏にして問題解決策の開発・模索に取り組んだり、問題の解決に打ち込みます。

・リスク選好

人は一般に損失が避けられないとか、不確実だが損失を被る可能性が高いと思うと、リスクを回避するために、何もしないか、リスク回避のためのさまざまな方策を講じる。しかしこれもその人の性格や価値観（主義、信念、考え方）に依ります。積極的にリスクを取ってでも、成功したいと思う人もいれば、周囲の人たちからネガティブな評価を避けたいために保守的、先例踏襲になってしまう人もいます。

・制約された合理性

人が合理的に問題解決をするということは、客観的に正しい、支持されるであろう価値基準や判断基準（最適基準）に基づいて、問題解決に望ましい解決策（最適解）を選択することです。しかし現実は、それは非常に難しい。たとえば、問題解決後の結果について完全に予測することはできないし、解決策を模索する際でもそれを実行する段階でも、環境要因の変化について完全に予測できません。だから人は、最適基準ではなく満足基準（最低限満足できる程度の解決策を明確にする基準）に基づいて、問題解決をしなければなりませんし、実際そうしているのです。

だから人がある問題を解決したとしても、その結果に本当にその人が納得できるかどうかは難しいところです。しかしそうはいっても、納得できる問題解決をするために必要な能力（情報の収集・分析・評価能力、ストレス耐性も含む）を高めるしか方法はないでしょう。

・創造的問題解決能力の強化

マサリー＆ゴールドスミスは、創造力は真の問題解決能力だという[20]。そもそも問題解決能力には、順応的問題解決能力（現在のフレームワークや基本的なアプローチを変えないで問題を解決する能力）と革新的問題解決能力（現在のフレームワークや基本的なアプローチを変えて問題を解決する能力）に分けられる。彼らによれば、革新的な問題解決者は問題解決にあたり、次のような特徴を持っている。

・新奇な（当たり前ではない、斬新なあるいは特異な）観点からアプローチする
・問題の発見それ自体、またその解決方法の発見自体に強い関心を持っている
・従来の問題解決方法のみならず、その基本前提そのものに疑問を持っている
・手段的な問題（根本的あるいは本質的な問題ではない）には関心がなく、注意もほとんど払わない
・ルーティンワークにはほとんど耐性がない
・他人に同意は求めない。しばしば他人を無視する傾向さえある

問題を創造的に解決できれば、それはその人にとって非常に大きな自信を生むことになりま

す。その自信がまた、新たな創造的な解決を生むという好循環を作り上げます。しかし現実は、なかなか難しいものです。人には問題を創造的に解決できる人とできない人、さらには創造的に解決しようとすらしない人など、さまざまなのです。

　創造的な問題解決の能力が低い最大の原因は、そもそも創造力が低いからでしょう。創造力というのは、新奇で、社会的に価値のある考えやモノを生み出す力のことで、成果に基づいて判断されるものなのです。創造力の発揮（創造的行為）の詳細な概念的プロセスをアマビール（Amabile,T.M.）が１９８３年に開発して以来、創造力研究が一段と活発になってきました[20]。

　そもそも創造力ないしは創造性の測定はチャッセル（Chassell,L.M.,1916.）に始まると言われます。とくにギルフォード（Guilford,J.P.）が米国心理学会で創造性に関する重要な提言をして以来、創造力の形成要因の探求が盛んになりました。わが国でも基本的にギルフォードの研究成果を基礎に、たとえばＫＪ法やシネクティクス法などの新製品アイディア発想法が開発されています。しかし現在、とくに重要な創造力測定方法としては、ＡＣＬ法（Adjective Check List法：創造的な人間を特徴づけているであろう人格特性を簡潔な形容詞の形で把握しようとする方法で、現在のところガフ（Gough,H.G.,1979.）が開発したＣＰＳ法が最も測定の信頼度が高い）と、個人史アプローチ（創造的な人間一人ひとりの家庭環境や生い立ちから、学校や仕事生活などでの出来事といった客観的なことだけでなく、成長過程で身につけていった価値観や基本的な態度・行動様式、考え方などの主観的なことまでも、詳細に総合的に調べる、つまり個人の伝記的情報が創造的な科学的才能を識別するのに最も有効だとする立場）があります。

現在、創造力を直接に確実に高められるという方法はないようです。しかし、創造力を創造的な行為からではなく創造的成果から判断するという立場からは、自己効力（自信）の強化方法（試行錯誤や代理学習、説得、情動喚起）を駆使して、創造的な成果を生み出させる指導を徹底的に行い、創造力発揮をモティベートする方法が考えられます。ただし一般的には、創造力の向上につながると考えられる環境作り（幼児・児童期のしつけや教育環境なども含め）はいろいろと提案されていますが、幼児の英才教育と同様に、その効果はよく分かりません。

一般社会人の創造的問題解決能力を高める方法

現在のところ、創造力の予測方法として、テイラー&エリソン、ビュール、スミスらなどの予測方法が定評があります(20)。すでに技術者や研究開発技術者、営業パーソンなど様々な職業人を対象に、創造力の測定スケールが開発されています(25)。こういった予測スケールの項目内容をベースにして、創造力を高める方法を開発することもできるようです。

たとえば一般社会人の創造力を測定する28項目からなるスケールがあります。それをベースにして、とりわけ以下のような点を強めれば、創造力を高める可能性があります。

・独立心を強める
・何にでも夢中になり、それを自分が納得できるまでやらせる
・やっていることに、原則として干渉しない
・難しい、複雑な問題に挑戦したい、という気持ちを大事にする、あるいはそのような気持ちにさせる
・人や社会、ものごとに対して反抗的、否定的、攻撃的な性格を大事にする
・問題が起こったとき、それを自分ひとりで考え抜き解決しようとする気持ちを大切にする
・問題解決に必要と思われる情報やデータを迅速に整備したり支援する
・今の自分の努力の質や成績は、他の人と比較しても優れている、努力すればこれからさらに高い成績を上げることができると、強い自信を持たせる
・一度に1つのことだけでなく、同時に多くのことを考えさせる
・人間関係や金銭、政治、宗教などよりも、論理や美に価値を置かせる
・問題の解決の際に、論理に縛られることなく、感じやひらめきを大事にする
・非社交的で、自己中心的な性格を大切にする。その人が他人から嫌われても一向に気にせず、ただ支持し支援する
・不平不満の多い、要求過多の性格を大事にする
・自分の感情や悩みを人前でもストレートに出させる

・先例や慣習、みんながそうするから、といったことに縛られないように指導する
・自由に考え、自由に行動できる状況を作ってやる
・絵画や彫刻などでバランスの取れた構図や形よりも、バランスの取れていない不均整・不調和な方を好むようであれば、それを大事にする

問題を創造的に解決できる、あるいは解決しようとしている人に対して、周囲の人たちや会社が前記のような性格や行為などを大事にしたり支援すると、その人はさらに社会適応性の低い人間になってしまう危険性があります。その危険性を可能な限り縮小できるのは、その本人の対人関係能力の向上もさることながら、周囲の人たちや会社の暖かな見守りや配慮、そして信頼でしょう。ちなみに、この28項目は子供や学生にも適用可能でしょう。

・創造的に仕事をする自信を強める方法

創造性研究で著名なアマビールは、創造的行為に強い影響を与える要因として創造的スキルの働きを挙げています。彼女は創造的スキルを形成するには次の5つが不可欠だという(20)。

・新奇なアイディアを案出するためのヒューリスティックスに関する知識
問題解決の際に、最終的に確実に正解（最適解）に到達することができるという一連の解決手続き、あるいは一組の規則のことをアルゴリズムという。それに対して、ヒューリスティッ

図表７　仕事で創造力を形成し発揮する概念的モデル

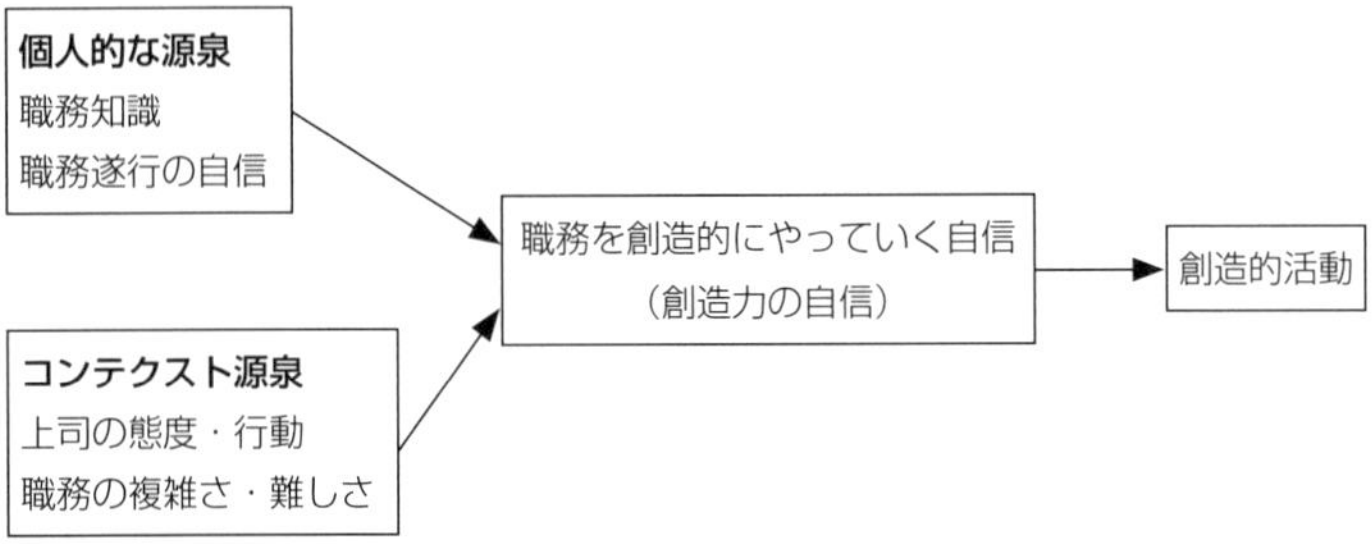

クスとは、限られた時間と努力で満足解を得ようとする問題解決の手順もしくは一般的な方針のことで、発見的方法とか発見的手続きともいう。これは必ず正解に到達するとは限らない。だからヒューリスティックスとしては勘とか違和感、過去の経験則や先人の知恵などが非常に重要なのです。

創造的に仕事をする人に求められる主要な特徴としては、

・自分の考えに関して周囲の人たちとの対立・不和が起きても、やり抜く自信
・強いリスクテイキング性向
・社会的な常識や認められていることや、権威のある機関や権威者の承認の必要性を気にしないこと
・自分の今までの考え方や価値観が破壊されることになっても、強いストレスを感じないこと

しかしここでは、創造的に活動することそのものへの自信は明示されていません。仕事で創造力を形成し発揮する概念的モデルを、ギスト&ミッチェルが開発しています(48)。創造力の

自信というのは「自分は創造的成果を生み出す能力を持っている」という強い気持ちないしは自信のことです。彼らはバンデューラの自己効力理論に基づいて、仕事環境で創造的に仕事をすることができるという自信が何によって形成されているのかについて、図表7のような概念的フレームワークを開発しました。

その前提として、彼らは「創造力の自信こそが創造的活動を生み出す」と考えました。

以下、図表7中の各要因について説明します。

職務知識

職務知識は自分の職務遂行に関する自信を自己評価したり、創造的な成果を生み出すうえで、不可欠な安定した基盤です。職務知識の高い人ほど、創造的な成果を生み出すことができるでしょう。この知識は主に次の2つによって形成されます。それは職務経験年数と学歴です。

ａ．職務経験

創造的な仕事をするには、職務習熟が不可欠です。それには、ある特定の職務に長期間専念する必要があります。職務に習熟するということは、それに関連したさまざまな知識やスキルに基づく実際の活動を通じて、創造力を発揮させる豊かな機会を与えます。

また職務に習熟した人は、過去の経験から現在の仕事のやりづらさや問題点などにも気づきやすく、改善方法も案出しやすく、「自分はこの職務を創造的に改善できる、創造的にやっていくことができる」という自信を持っています。

b. 教育経験

教育というのは本来知識やスキルの獲得の重要な基礎です。つまり、ものごとに対するさまざまな異なる見方や、多様な問題解決スキルの獲得・活用を促進し、革新的な課題・問題の解決のためにクリティカルな検討や確認・実験をしようという意欲を強めます。結果として創造的な活動、そしてその成果が生まれてくるのです。もちろん教育レベルが高いというだけでは不十分ですが。

職務遂行の自信

職務遂行に自信がある人は、当面の職務遂行で不安を感じることもなく問題も適切にクリアしていけます。新たな問題や目標達成に対する挑戦意欲も強く、何とかやり遂げようと努力します。その過程で、創造的な活動が生まれてきます。

つまり職務遂行の自信は、その職務遂行で創造力を形成し発揮する先行条件になります。研究結果によれば、創造力の自信に影響を与えていた最大の要因は、職務遂行の自信でした。

上司の態度・行動

人は自分の仕事の自信について評価する際、また仕事上の創造性について、しばしば上司や同僚の評価をベースにします。とりわけ上司の評価が重要です。

上司は、部下が自分の仕事における自信や創造性を形成し発揮していく上で、次の２つを通じて、大きな影響を与えます。

ａ．役割モデリングあるいは代理学習

部下が創造的に仕事をやっていこうとする際、上司は、その挑戦的行動を支持し支援し、またどうすればより創造的にやれるのかを実際に示すことが望ましい。

ｂ．言語的説得

上司は、部下が創造的に仕事をやるように助言や説得すれば、それは部下の創造的活動を後押しすることになります。しかもそのような助言や説得は、それまで創造的に仕事をしようと思っていなかった部下に、自分もやれると期待されているのだと思わせることになり、創造力発揮に積極的に向かわせます。

職務の複雑さ・難しさ

一般に、職務が複雑であったり、難しい場合、自信を低下させます。しかし職務が多様性を持っていたり、その内容が明確に規定されていない場合、そこにやりがいを感じることができます。つまり自分の創造性を発揮できる機会があるのです。

しかし職務の複雑さ・難しさと創造力の自信の関係は、職務経験年数によってモデレートさ

れます。つまり、

a．職務経験年数が長くなるにつれ、職務の複雑さや難しさにも精通し、その遂行に自分流のユニークな方法を考え出させることがあります。

b．職務経験年数が長くなるにつれ、職務遂行のやり方が、今までやってきたやり方で特に問題はなかったので何かを改善する必要はないといった先例踏襲や硬直的になってしまい、新たな挑戦をしようという意欲を失わせてしまうことがあります。

ティールニィらはある大手の消費財メーカーのブルーカラー５３６名（機械工、ラインオペレータ、など：平均勤続年数12・85年：平均学歴　高卒後１・31年）と、ハイテク企業のホワイトカラー１３８名（会計、購買、プログラム管理などの担当者：平均勤続年数４・55年：平均学歴　高卒後２・79年）、計６７４人（管理者も含む）を調べて、前述のギスト＆ミッチェルのモデルを検証し、図表7とは異なる関係を明らかにしました(49)。研究結果によれば、

1．「職務経験年数の長さと学歴の高さ－創造力の自信」の関係については、ブルーカラー・サンプルでは職務経験年数が短いほど、創造力の自信が強かった。しかし学歴は高い方が、創造力の自信が強かった。他方、ホワイトカラー・サンプルでは、どちらの関係も有意に認められなかった。

創造力の自信は、バンデューラやアマビールなどの研究成果をベースに、ティールニィら

が3項目スケールを開発して、測定した（たとえば、私は問題を創造的に解決する能力に自信がある）。測定スケールの信頼性はブルーカラー・サンプル　α＝0・83、ホワイトカラー・サンプル　α＝0・87でした。

2．職務遂行の自信の強さは創造力の自信を強めていた。これは両サンプルで非常に強く見られた。

3．上司の支持的行動（行動モデリングと言語的説得）は創造力の自信を強めていた。

4．職務が複雑で難しいほど、創造力の自信が強くなった。これは両サンプルで認められたが、ブルーカラー・サンプルの方が強かった。

5．ブルーカラー・サンプルでのみ、職務経験年数が長い人ほど、また職務が複雑で難しいほど、創造力の自信が強くなった。

つまりブルーカラーで職務経験年数の長い人の場合、職務が複雑で難しいほど、創造力の自信が高まった。他方、その短い人の場合は、創造力の自信はそれほど高まらなかった。

6．両サンプルで、創造力の自信が、職務遂行の自信よりも、創造的活動に強い影響を与えていた。

創造的活動は、上司が6つの測定項目（たとえば、新しいアイディアを考え出し実行し、積極的に問題解決に取り組んでいる）によって部下を評価している。

7．ホワイトカラー・サンプルだけで、職務遂行の自信の強い人ほど、創造力の自信が創造的活動に強い影響を与えていた。

　しかも職務遂行の自信が弱い人の場合、創造力の自信が強い人ほど、創造的活動が弱くなっていた。


　要するに、本研究成果をまとめると、ブルーカラー・サンプルでは、創造力の自信の最大の決定要因は職務遂行の自信でした。学歴、上司の支持的行動、職務の複雑さ・難しさ、職務の複雑さ・難しさと勤続年数の相互作用の4つの要因も正の影響を与えていた。しかし職務経験年数のみが負の影響を与えていた。他方、創造的活動の最大の影響要因は職務の複雑さ・難しさで、正の関係でした。職務経験年数や職務遂行の自信、上司の支持的行動の4つの要因が正の影響を与えていた。

　他方、ホワイトカラー・サンプルでは、創造力の自信の最大の決定要因は職務遂行の自信でした。上司の支持的行動、職務の複雑さ・難しさの2つの要因も正の影響を与えていた。しかし創造的活動の最大の影響要因は職務の複雑さ・難しさで、正の関係でした。他の要因はすべて影響が非有意でした。

　本研究で最大の問題は、なぜサンプルの違いで、これほど大きな相違が発生しているのだろうかという点です。とりわけブルーカラー・サンプルでは、創造力の自信に対して、学歴は正の影響を与えていたが、一方職務経験年数は負の影響を与えていた。ところがホワイトカラー・サンプルでは、学歴も職務経験年数もどちらも影響を与えていなかった。

この原因としては、次の2つが考えられます。

・ブルーカラー・サンプルは従来、革新を求められていない仕事が与えられていて、創造力の自信を形成する経験や試みが抑圧されてきた。しかし生産プロセスの合理化などによる仕事革新によって、さらに学歴が高い人がブルーカラー・サンプルになってきたことで、創造力の形成・発揮が求められるようになってきた。

・ブルーカラー・サンプルにとって、創造力の自信が形成されるプロセスが、ホワイトカラー・サンプルよりも複雑なのかもしれない。つまり複雑で難しい仕事に従事している時にのみ、職務経験年数が長い人が創造力の自信を高めるのかもしれない。というのも、単純でルーティンな職務経験が長い場合、「自分は創造的な仕事ができる」という気持ちを失わせてしまうのかもしれない。ちなみにホワイトカラー・サンプルの場合、職務の複雑さ・難しさが創造力の自信を強めていたが、ブルーカラー・サンプルのような、職務の複雑さ・難しさと学歴の相互作用の有意な影響が見られない。ただしホワイトカラー・サンプルの職務経験年数が短いことに原因があるのかもしれない。

仕事で創造力を形成し発揮するプロセスに関する統一的な経験的モデルの作成にはまだしばらく時間がかかりそうです。

ストレスに強い人間にする方法

ストレスに強い人は自分に自信がある人です。ストレスに弱い人ほど、自分のアイデンティティが分からず、問題解決能力に自信がなく、人間関係にも強い不安を感じる傾向が強く、しばしば強い劣等感を持っています。

ストレス・マネジメントの見地からは、現在さまざまなストレス緩和策が提案されています（20、23）。社員がストレスをあまり感じないように、業務の見直しとか職場の環境作りとか、いわゆる働き方改革（主として人的資源管理制度の改善）、社風改革などあります。しかし基本は、社員をストレスに強い人間（ストレス耐性が強い人間）に育てることです。

社員が強いストレスを感じているのは、仕事や職場でストレッサー（38頁参照）をうまく処理できないからです。とりわけ仕事経験の浅い人ほどストレッサーの影響に弱いし、ストレス知覚も強くなります。

ストレス耐性を強めるには現在２つの方法が考えられます。１つは、ストレッサーからストレスをできるだけ知覚しないように耐性を強める方法と、２つ目は根本的にストレスに強い人間に作り変える方法です。

・ストレスをできるだけ知覚しないようにする方法

ストレスをうまく処理するうえで大事なことはストレスをあまり感じない、たとえ感じてもそれに耐えうる力を身につけることです。それをストレス耐性と言います(20)。ストレス耐性とは、個人がストレスを知覚する強さを変える心理的な要因のことで、ストレスに強い性格もしくは耐える力のことです。これは遺伝と経験によって作られます。

ストレス処理でもう1つ重要な方法があります。それをストレス・コーピング戦略と言います(20)。これは意識的にストレスに対処する・緩和する方法を指します。これには2つの方法があります。「情緒に焦点を当てたコーピング」方法は、ストレスフルな状況そのものを変えようとするのではなく、それに対する見方を変え（認知的再評価）、ストレッサーに対して自分の情緒的な反応を改善しようというものです。もう1つの「問題に焦点を当てたコーピング」方法とは、ストレスフルな状況に直接働きかけ、それを変え、自分にとってストレッサーにならないようにする方法です。どちらのコーピング方法でも、それを支えているのは、その人が持っている心理的あるいは身体的、社会的な資源です。具体的には、ポジティブな性格・信念・主義、知的能力や身体的能力・健康、問題解決スキル、対人関係能力、人脈・社会的ネットワーク、社会的な支援、お金です。人は問題解決に必要な資源を十分持っていれば、それを効果的に活用して、ストレスを回避したり、よりよく対処することができます。

このコーピング戦略は直接ストレス知覚を緩和すると同時に、社会的支援の在り方に影響を与えて、ストレス知覚を弱めます。

図表8　ストレス知覚―仕事業績の関係

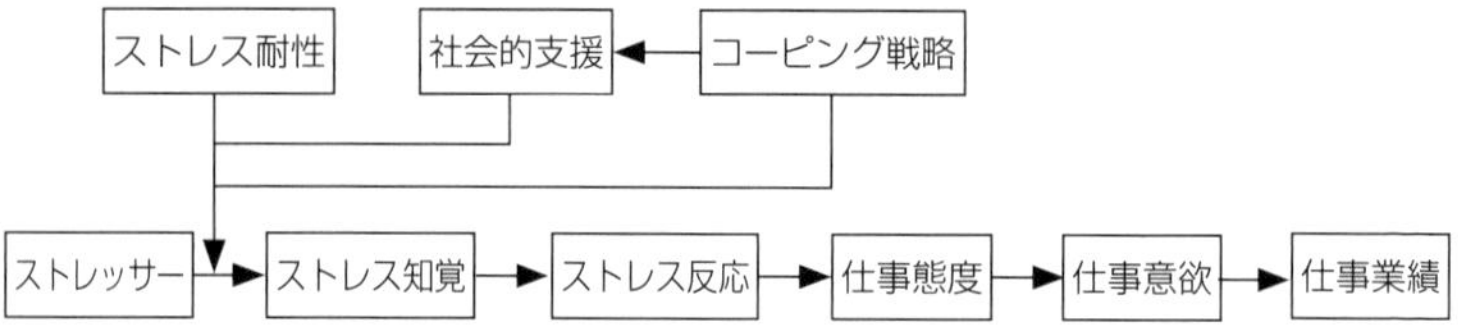

ストレスを強く感じて強いストレス反応が起きると、人にはさまざまな態度や行動が生まれてきます。たとえば、働いている人の主な生活局面である仕事と家庭生活を想定すると、

- 職場や家庭でさまざまな不安が高まる、イライラが募る、ノイローゼになる。もちろん仕事に集中できない
- 仕事をする気がなくなる
- 職場や家庭で楽しく話し合ったり、遊んだり、一緒に何かをしたり、ということができなくなる
- 上司や同僚、伴侶に対して反抗的になる
- いつも疲労感を感じ、食欲も不振になり、睡眠不足になり、体調不良になる
- 遅刻や早退、欠勤、怠慢が頻繁に見られる
- 仕事で思考力や理解力、判断力が低下し、仕事の能率も落ち、ミスも増える。当然業績は低下する
- 仕事でやらなければならないことを忘れたり、その優先順位もつけられなくなったり、上司からの指示も忘れてしまう

以上をまとめると、図表８のようになるでしょう。

さて、このようなストレス反応を回避・緩和するうえで、最も重要なストレス耐性を強めるにはどうすればよいのでしょうか。たとえば、シュミット、キーム&ロビーはストレス耐性の主要な４つの形成要因を挙げている（46）。ものごとに不安を感じないようになること、ものごとに過度に悩まないこと、ストレスフルな状況にもリラックスして対応すること、他者や状況から押し付けられたことにも我慢すること。しかし問題は、これらをどうすれば作り上げることができるのかです。

ここでは、社員が主に仕事や家庭でのストレス耐性を強める具体的な方法として、次の12項目の提案をします。

・社員がストレス耐性を強める具体的な方法

・趣味や遊びで気晴らしをしたり気分転換して、ストレスを発散させる
・気心の分かりあっている友達とおしゃべりをして、ストレスを発散させる
・仕事や家庭生活で当面どうしてもしなければならないことは能率よく迅速に済ませて、それ以外のことに関心を向けて、自分がやりたいことを自分のペースでする
・社会的支援活動に取り組む。これを通じて思いやりの気持ちが強まったり、自己価値感を感

じたり、友達の輪も広がっていく

・友達に何か求められたら、決して断らない。ただし自分にはできないこととか非常に難しいことや、反社会的な行動でない限り。断るときは、その理由を相手が納得するまで説明する

・当面のストレスフルな状況や解決しなければならない問題を、より客観的に合理的にとらえ直し（見方を変えて解釈し直したり、評価し直したりして）、より良い解決の仕方や効率的な方法を模索し、速やかに解決する

・日常生活や仕事で、時間管理をきちんとやっていく

・何が起こっても困らないように、事前に周到に準備をしておく

・解決しなければならない問題があっても、自分が解決・処理できることだけに専念し、後は他の人に任せる・依頼する

・解決しなければならない問題は、自分なりに優先順位をつけて解決・処理していく

・解決・処理しなければならない問題であっても、当面はやりたくない、解決が難しい問題は、とりあえず棚上げしておいて、後でじっくり考えて解決・処理に取り組む

・自分がやりたくない、出来ない、今の自分には難しい問題には、極力関わらないようにする、できるだけ先送りする、他の人にやってもらう。これらの方法はどちらかというと、ストレス耐性の強化にとってネガティブな方法に思えるが、じつはこうすることによって自分のやりたいことに専念することができるのです。

・ストレスに強い人間に根本的に作り変える方法

ここでは、フランクル、フロイト、エリクソンの主張を取り上げます。

フランクルの方法

フランクル（本節末の注）は、苦しみというのはその意味が見いだされる時に耐えうるものとなり、苦しみではなくなるという(11)。ストレスや不安、精神的な苦痛を感じる最大の原因は、苦しみ、悲しみ、悩み、辛さをうまく克服できないからなのです。

そもそも苦しみというのは彼によれば、たとえば青年を想定すると、青年期特有の自分の身体的特徴や友人たちとの人間関係、家族や学校、職場での自分の役割やその変化、親からの経済的な自立、進路の決定などで、悩んだり苦しんだり、困難を感じたり、心を痛めている状態を指します。

彼は強制収容所での体験をもとに、自殺防止と抑うつの治療を専門的に研究し、人間には、苦しく破滅的な状況でも、それに耐え抜き前進するための２つの強さを持っているという。１つは、決断する力と、２つ目は自由な気持ちを持つ能力だ。彼は、人間というものは環境や出来事に左右されるだけの存在ではないことを強く主張する。

彼は精神因性神経症（リビドーやコンプレックスなどに単純に起因するものではなく、自己の実存的な欲求不満や、自分が生きることの意味の探求の挫折といった「自己の実存的虚無」状態に起因する神経症）の治療法を確立した。これをロゴセラピー（精神分析やクライエント中心療法などの洞察療法の1種ですが、実存分析とも呼ぶ）という。ここでは、人間は「実存的虚無」状態に陥りがちであると同時に、精神病や神経症に対する反抗力を持っていると考える。この反抗力を活性化させることによって、病んでいる者に、生きる意味や価値に気づかせ、また再確認させ、治癒へ導こうとする治療法です。臨床的には、患者が持っている心身の苦悩に対して、体や心よりも精神がいかに大切なものなのかを教え、生きることや自分の価値というものについての患者の考え方や態度を根本的に変えてしまおうとするものです。具体的には、逆説志向法や反省除去法などを採用します（1、4）。この治療の特徴は、次の4ステップです。

ステップ1

治療者は、患者の基本的な人生観やライフスタイルを正確に把握する。このためには、現在、ライフスタイル分析の使用が適切でしょう。

ステップ2

患者のこれまでの人生観やライフスタイルの根底にある、不適切とか望ましくない、間違っていると思われるさまざまな認識や考え方、行動をあぶりだす。つまり、これまでの、望ましくない人生の原因となっていると考えられる要因や出来事を、患者自身に抽出させる。

ステップ3

抽出されたものが、これまで自分をいかに不安や苦痛、恐怖に陥れているのかを理解させる。

ステップ４

患者のこれまでの感情的な自己破壊的思考を、論理的な自助的ポジティブ思考に変える。そのためには、患者を説得、代理学習、訓練をして、自分にとって楽しくかつ意味のある人生観を身につけさせ、実際にライフスタイルを変える。

これには、バンデューラの自己効力強化法を使用することも役に立つでしょう。

だから、社員を根本的にストレスに強い人間に作り変えるためには、フランクルによれば、上司や会社は、社員が感じている悩み、辛さ、苦しみ、悲しみが今の自分にとってどんな意味があるのかを考えさせ、それを明確に認識させることが大事です。そうして、その意味や価値を理解できれば、社員は決断する力と、自由な気持ちを持つ能力を獲得することができるようになります。これはまさに強いストレスや精神的苦悩を克服する力の獲得です。

それでは、たとえば具体的に、社員が家庭や職場で感じる強いストレスを解消するにはどうすればよいでしょうか。それには次の４ステップが有効でしょう。

フランクルの人間関係ストレスを解消する４ステップ

ステップ１

対人関係ストレス質問票（23）で、強いストレスや不安を知覚している項目（原因）を明確にする。

ステップ２

その知覚した項目それぞれを克服できた時のメリットを、自分が重視する見地（たとえば、自分に対する親の接し方、家庭の楽しさ・幸せ、友達付き合い、職場での生活、仕事成績、など）から、明示して下さい。メリットはいくつ書き出しても結構です。ただし、メリットは、自分が改めて考えだすものではなく、すでに過去にあった事例（自分の体験や、同僚や周囲の人たちの事例、上司などから聞いた話、など）の中から見つけ出して下さい。過去にストレスを克服してメリットを得たということが立証されている事例を挙げて下さい。

しかし、どうしても過去の事例が思いつかない場合は、信頼できる人や友人たちに聞いて下さい。

ステップ３

次に、記載したメリットの中で、あなたが特に欲しいもの、実現したいことに、丸印をつけて下さい。

ステップ４

最後に、その印のついたメリットに関わるストレス項目を重点的に克服して下さい。克服の方法は、先ずその項目の内容をひたすら実行して下さい。その際、それは自分には必ずできると強く信じて下さい。

各ステップを進んでいく際には、以下の図表9を作成しておくと便利でしょう。

社員が、職場や家庭で感じるストレスや不安の解消方法は、そこでストレスや不安を引き起こしている項目の抽出手続きが異なります。そして、そのストレスや不安を克服できた時に感じるメリットを抽出する見地も異なります。

【注】

フランクル（Frankle,V.E.：1905-1998）はオーストリア生まれの精神医学者で、ウィーン大学医学部卒業後、フロイト、アドラーに師事。アウシュビッツの強制収容所に送られ、そこで両親、妻、子供たちを失うと言う悲惨な極限状況を体験し、そこで、人生に「意味」を見出している人はどんな苦痛にも耐え抜き、「意味」を喪失した人は心理的にも肉体的にも崩壊していったという事実を体験した（11）。ここから彼は、人生の意味を求める意思こそが人間の根源を成すものであり、この点で、精神が肉体と心（心理）を支配していると考えた。

図表９　対人関係の源泉と克服時のメリット

対人関係ストレス質問票の中で強いストレスや不安を知覚している項目	この項目を克服できた時に感じる・得られるメリット
項目 A	家庭の楽しさ・幸せの見地 友達付き合いの見地 職場での生活の見地 仕事成績の見地
項目 B	家庭の楽しさ・幸せの見地 友達付き合いの見地 職場での生活の見地 仕事成績の見地
項目 C	家庭の楽しさ・幸せの見地 友達付き合いの見地 職場での生活の見地 仕事成績の見地
項目 D	
項目 E	

彼は人間を自由と責任を持つ存在として捉える。つまり、人間は精神的実存として、心と体に対して、何らかの態度を取る自由を持ち、その自由に対して責任を持つ者と考えた。

フロイトの方法

根本的にストレスに強い人間に作り変えるには、フロイトによれば、強い精神的緊張から解き放てばよいのです。

フロイトの精神分析は、20世紀前半を通して、心理療法の世界を席巻しました。彼は、不安は魂の奥深くにあるもろもろの力の葛藤から生まれてくると主張します。この葛藤は、人の意識的思考と無意識的思考の双方と、それらを作り上げた様々な経験を長期にわたって内省的に分析をすることによってのみ、緩和、除去できると考えられました。

子供は、親や教師から求められたことへの反抗や攻撃衝動、突然の出来事に対する拒否反応や戸惑い・攻撃衝動、人への突然の攻撃衝動や性欲発生などが、自分のこれまでの経験からして、あまりにも異質だったり、強力であったり、不適切だと感じた場合、それは意識的に受け入れることができません。しかし、それは消滅してしまうのではなく、知らないうちに無意識という貯蔵庫に入れられてしまいます。これを「抑圧された」といいます。その無意識の中の記憶や観念は直接意識することはできませんが、それらが知らず知らずのうちに個人の考えや態度、行動を方向付けていくと、フロイトは考えます（11、50）。これは大人の場合も同様です。

たとえば、今の心身の苦痛や、予想される苦痛から逃れるには「……しなければならない」という意識的思考が、「……してはならない」という無意識的思考と対立する場合、精神的緊張が生まれます。しかしこの緊張が緩和されたり対立が軽度な場合、無意識という貯蔵庫の中に抑圧されていた記憶（「……してはならない」という無意識的思考：何か違う・違うような気がする、しっくりこない、といった感じです）が意識に上ることができます。そうすると、その苦痛はもう精神的緊張の原因とはならなくなってきます。

幼児期のトラウマ的記憶（性的虐待を受けた、大きな事件や事故にあった・目撃した、ことなど）や、信頼している大事な親兄弟や伴侶・恋人、友人は決して認めない・受け入れないと思われる自分の欲望や考えをそのまま持ち続けていたことを、実際に行動にあらわすと、安寧な精神状態ではありえないし、みんなと楽しく生きていくことができなくなります。だから、それらは抑圧されて、無意識という貯蔵庫の中に知らず知らずのうちに入れられてしまうのです。

だから、フロイトに基づく解決策としては、一言でいえば、「無意識の声を聴け！」です。

フロイトのストレス解決法

社員が強いストレス状態に陥っている場合、そこから抜け出すには、意識的思考（たとえば、何かをしなければならない）が無意識的思考（たとえば、何かをしてはならない）と対立しないようにすればよいのです。そのためには、意識的思考を無意識的思考（それは何か違う気がする、そうしたら駄目なようだ・こうした方がよいと思う、などといった勘、感じ、インスピレーション）に合わせる、もしくは近づけるしか方法がありません。つまりストレスを感じない最良の方法はそもそも「何かをしない」ことなのです。そうすればそもそも、精神的緊張は生まれてきません。しかし会社では、こんなことはあり得ません。社員の生産性を発揮してもらわなければなりません。だから、会社としても社員自身にとっても、意識的思考と無意識的思考が調和するような業務や職場で働くことが肝要です。

　しかし、上司や会社が社員を強いストレスに悩まされている状態から助け出すためには、本来はその社員の幼児・児童期を通じて親が子供との間の強い信頼関係のもとに様々な体験をさせ、強いストレス耐性を培うべきだし、培うべきであったのです。しかし今悩んでいる人間を救うには、その悩みの原因を見極めて、それを取り除く、あるいはその人自身が取り除けるように支援することしかありません。たとえば悩みが職場の人間関係であれば、それが現在どんな状態なのか、そしてなぜそんな状態になったのかを明らかにする必要があります。そして、その状態を作ってしまった、その人の行為あるいは上司や同僚たちの行為について、誤解を解く、認めさせる、謝罪をさせる、などと指導する必要があります。しかしいずれにせよ、本人自身が自らの意志と力で悩みを克服することが大事です。

　ところが、フロイトの精神分析を否定し、さらにそれを乗り越えた著名な研究者がいます。

米国テンプル大学の精神医学教授のウォルピです（11）。彼は行動主義心理学に基づき、逆制止法という、患者の過去の分析など全くせずに、もっぱら現時点の症状と、ごく近い過去の行動だけに焦点を当てて、脳を再条件化する手法の開発に成功しました。この手法は行動療法の目覚ましい発展を促しました。彼はこの手法をさらに発展させて、系統的脱感作プログラムも開発しました。これは人が問題行動や異常行動を繰り返す場合、有効な治療方法と考えられますが、ストレスのコーピング戦略のみならず、ストレスに強い人間を創るうえでも極めて有効と考えられます。

エリクソンの方法

エリクソンによれば、強いストレスを知覚する最大の原因は、アイデンティティの混乱です。これは主に青年期に見られますが、成人しても人によっては強く窺えます。近年、大人になり切れていない人が増えているようですが、こういう人はまさにアイデンティティが健全に発達しきれていない人なのです。

青年期（12～20歳頃）の子供はまだ経験が乏しいために、しばしば進路や職業の選択とか、困難な競争場面や他者と良好な人間関係を作りたい・維持したいといった状況で、感じる強いストレスに耐えることができません。このストレスに耐える、あるいは感じなくなるには、アイデンティティの確立が不可欠です。しかしこの時期の子供は、まだそれが形成中なのです。

郵便はがき

料金受取人払郵便

大阪北局
承認

2424

差出有効期間
2021年12月
1日まで
(切手不要)

553-8790

018

大阪市福島区海老江5-2-2-710

㈱風詠社

愛読者カード係 行

ふりがな お名前			明治 大正 昭和 平成 年生 歳	
ふりがな ご住所	□□□-□□□□		性別 男・女	
お電話 番　号		ご職業		
E-mail				
書　名				
お買上 書　店	都道 府県 市区 郡	書店名	書店	
		ご購入日	年 月 日	

本書をお買い求めになった動機は？
1. 書店店頭で見て　　2. インターネット書店で見て
3. 知人にすすめられて　　4. ホームページを見て
5. 広告、記事（新聞、雑誌、ポスター等）を見て（新聞、雑誌名　　　　）

風詠社の本をお買い求めいただき誠にありがとうございます。
この愛読者カードは小社出版の企画等に役立たせていただきます。

本書についてのご意見、ご感想をお聞かせください。

①内容について

②カバー、タイトル、帯について

弊社、及び弊社刊行物に対するご意見、ご感想をお聞かせください。

最近読んでおもしろかった本やこれから読んでみたい本をお教えください。

ご購読雑誌（複数可）	ご購読新聞
	新聞

ご協力ありがとうございました。

※お客様の個人情報は、小社からの連絡のみに使用します。社外に提供することは一切ありません。

しかもしばしばそれが混乱状態にあります。

この時期の青年に見られる深刻なアイデンティティの混乱の兆候としては、以下の通りです(14、50)。

・孤独や孤立に悩んだり苦しむ
・自発的に、また主体的に、ものごとにどうしても取り組めない
・勉強や仕事に対する注意力や継続力の低下、周りのものから見るとどうでもいいようなことに固執する、あるいは1つのことに完全に心を奪われてしまう
・他者から自分に勧められた役割や、他者が価値を置くもの、社会規範などに対して冷笑的な態度や敵意を示す
・自分を価値のないものと卑下する
・自分が「普通」であることに耐えられず、進んで「悪」に走ったり、人と極端に違う態度や行動を取ったり、病気になったりする

エリクソンのストレス解決法

だから上司や会社は、社員の強いストレス知覚を解消させるうえで、かりに社員が深刻なアイデンティティの混乱に陥っていない限りは、口出しをしたり、余計な世話をしないで下さい。本人がその混乱状態を克服する力を信じて下さい。しかしそれを促進したり、支援する必要が

ある場合には、速やかに積極的に支援しなければなりません。

さらに、上司や会社、周囲の人たち（とりわけ伴侶）が社員をアイデンティティの混乱から抜け出させるために実際にどうすればよいかというと、とりわけ重要なのは自己肯定感を強める、自信を持たせる、自己価値感を高めることでしょう。具体的には、

1．本人に、この自分でよいと思う自己肯定感と、これからもこの自分でやっていけるという自信を持たせること

そのためには、たとえば、

・自己肯定感を強めるには、その人がどんなことやモノに強い興味・関心を持っているのか探って下さい。もし明確に持っていないようであれば、上司や会社が働きかけて、それを作って下さい。そして、その人の興味・関心をさらに強めて下さい。しかし、その人の考えや行動、さらには生活スタイルに強く関与しないで下さい。その人が求める限りは、できる限りの支援をして下さい。しかし原則として、自由を束縛しないことが大事です。

・また自己肯定感を強めるには、その人の強み・弱みをきちんと自覚させて下さい。そしてその強みを重視して、それをさらに強めるように、出来る限りの支援をして下さい。たとえば、その人がファッションや旅行などに強い興味があれば、たとえ上司や会社が仕事第一と思っていても、支持を明確に表明し、その人がそれに使う時間や金銭などについても支援して下さい。

・その人に、自分がしていることや考えていることに自信を持たせて下さい。自信を持たせるうえで特に重要なことは「自分にはできる」という自覚を持たせることです。もしその自覚が弱いとか、十分持てないようであれば、その人がやりたいこと、自信を持ちたいことを、易しい段階から一歩一歩クリアさせて下さい。最初から難しいことをさせて挫折させると、その人は全く自信を失い、無力感を感じたり、興味も失ってしまいます。

　その際大切なことは、自信を持っている人とか、できる人と、決して比較しないことです。人はそれぞれ発達段階も違うし、発達のスピードも違います。さらに性格も、持っている能力も違います。

2．本人が、この自分は周りから受け入れられているし、社会にとっても価値のある人間であるという、自己の存在感や有能感を持たせること

そのためには、たとえば、

・自分が職場や家族のみんなから認められ受け入れられていると感じさせて下さい。そのためには、上司や会社はその人の意見や考えをよく聞き、良い意見であれば、それを受け入れて下さい。もし受け入れられない場合は、その理由を本人が納得できるまで説明して下さい。

・職場や家庭でみんなと楽しく仕事や生活をしているかなど、その人から話を聞いたり、日常の行動を見守って下さい。その人ひとりでは解決できないような何か問題を抱えているようなら、その人と一緒に、その問題の解決に取り組んでください。これは上司や会社として必

要な愛情です。だからこのような問題解決の際の大前提は、とにかくその人の自主性を重んじ、信頼することです。

・職場や家庭でみんなと楽しくやっていけるように、上司や会社として傍からその人を暖かく見守ると同時に、自主性を大事にしつつも、必要に応じて支援して下さい。たとえば業務の手順や福利厚生制度、通勤などでの不満や苦痛をできるだけ取り除いてあげることも大事です。

・その人が自分の能力や性格に不満や不安を持っているようであれば、決して他人と比較せずに、その人の優れた点を指摘し、その人自身にそれを納得させ、自信を持つように方向付けて下さい。その際大事なことは、その人が価値を置いていることやモノ、また真剣にやってみたい、なりたいといった希望に向かって少しでも前に進めるように、支援することです。その人が一生懸命に取り組んでいる、取り組もうとしていることが、たとえ上司や会社の人たちの目から見てあまり価値があるように思えないことであっても、また社会的に高く評価されるかどうかは、どうでも良いことなのです。

信頼獲得の方法

信頼されるということは、自信の元になります。自分の行為や結果について相手が安心して見てくれる、高い評価を与えてくれるということは、自分がそれだけのことをしているということを自ら認識できるからです。それが自信を生み、また強めてくれます。

　そもそも相手を信頼するというのは、相手から安心感が得られると思う時に生まれます[20]。人間関係が表面的な付き合いから親密な関係（友情関係、仲間関係、夫婦関係、など）へと変わっていく際の鍵は信頼関係です。これには選挙の際に候補者に対して、あるいはまたテレビやレストランなどで、ちょっと見た印象から「信頼できそうな人だ」と思う一方的な信頼感と、お互いが信頼感を抱いている相互信頼関係があります。

　一方的な信頼感は、相手が誠実（真心を持って私や人に接して、自分や特定の人や集団・組織の利益を求めないばかりでなく、それにはっきりと反対する）で公正（公平で偏りがなく、人を利用して私利私欲を求めたりしない）で、自分を説得しようとしていないと思う時に生まれます。他方、相互信頼関係というのはお互いの安心感に基づく人間関係のことです。

　この安心感は、お互い相手が何を思っているのか・考えているのか分かっているとか、いつでもどんな場合でも私を支持してくれる・助けてくれる、大事なことでは決して私には嘘はつかないといった気持ちから生まれます。だから安心感は、人間関係でしばしば起こる相手に対する不安や恐怖（拒絶、嘲笑、裏切りなどの）を取り除くのです。

　ところで、信頼関係というと一般に相互信頼関係を指します。これがどのようにして出来上がるのか、どうすれば形成できるのかについては、すでに著名な理論がいくつか開発されています[20]。たとえば、アルトマン＆テイラーが開発した社会的浸透の理論では、相互信頼関係は基本的に相互の自己開示過程（とくに他人には知られたくない個人情報を互いに開示し合う）を通じて自然と出来上がるし、また作られるという。またジョンソンの相互的好意形成に基づく理論では、心理的距離を縮小して親近感を作り上げる、ごく普通の態度で接し自分に対して不安感や不信感を取り除く、相手の要求には無条件に応えるよう努力する、相手に自分との仲間意識を持たせるためにお互いニックネームや代名詞で呼び合う、自分がどういう人間で現在そして将来何を考え何をしたいのかについてはっきりと正確に伝えること通じて出来上がるし、作られるという。

以下、実際に信頼を獲得する方法を３つ挙げます（20、23、24）。

・一般的に人から信頼を得る方法

人から信頼されたいと思うと、まず自分も相手を信じなければなりません。本来、信頼というのは相互信頼なのです。だから、ここでは相互信頼関係をどう構築していけばよいのかについて、具体的に20の提案をします。

以下の項目の「相手」というのは、その人から信頼を得たいと思っている人でも良いし、周囲の不特定の人たちを想定しても結構です。

1．もし相手に褒められたら、その本心は何だろうかと、決して勘繰らない。その言葉通り受

け取り、喜びを表す

2. もし相手と待ち合わせの約束をしたら、相手は必ず来ると信じる
3. どこかへ相手と一緒に行くことになったとした場合、たとえ自分が知らない場所でも、相手が行こうと言ったら、そこへ一緒に行く
4. 相手が何か提案すると、それを快く受け入れる
5. 何事につけても、相手は自分に対してフェアに振舞うと信じる
6. 私が何かの事情でどうしても約束が果たせなかった時、相手は快く許してくれると信じる
7. 相手に隠し事はしない
8. 何事につけても、相手に嘘はつかない
9. 私が何かの事情で大至急ある所へ行かなければならなくなったとしよう。その際、相手が私を間に合うように、車でそこへ連れて行ってくれると言ったら、それを信じて、素直に感謝する
10. 私がしたり言ったりしたことに、相手が笑っても、相手が自分を馬鹿にしてるとか、冷笑していると は決して思わない
11. 私は相手に対して何事につけ率直にものを言う。相手もそれを望んでいると信じる
12. どうすれば私が傷つくかを相手は知っていても、相手はそんなことは決してしないと信じる

13. 私が問題を解決できなかったとしても、相手は人前では決して、私をたしなめたり、非難したりはしないと信じる

14. 私が、たとえ多くの人にとって馬鹿げたことに悩んでいても、相手も私と一緒になって悩み、解決しようとしてくれると信じる

15. たとえ私が自分の都合や勝手で、あるいは横着で、約束の時間に遅れたことにもっともらしい弁解をしても、相手はそれを信じ、苦情を言わず、気持ちよく対応してくれると信じる

16. 相手が私に、何かをしてあげると言ったら、相手は必ずそうしてくれると信じる

17. 私が何か厄介なことで手を焼いていたり、不愉快な状況に陥っていたりすると、相手は親身になって取り除こうとしてくれると信じる

18. 相手は、私に不愉快なことや苦痛を与えたり、私が大切にしているモノやこと（たとえば人間関係など）を壊したりすると、相手はどんなことがあってもその償いをしようとすると信じる

19. 私が忙しかったり、他のことで手が離せなかったりして、今しなければならないことがどうしてもできない時、相手が自分に任せてくれと言ったら、私は安心して任す

20. 相手がお金に困っていて、私が用立てたとしても、たとえすぐに返してもらわなくても、私は返済を求めない。相手は必ず返してくれると信じる

・職場の上司や同僚たちから信頼を得る方法

ここでは、職場で上司や同僚たちから信頼されるための行動原則を提案します。ただし、上司と同僚を別々に想定することもできます。職場のみんなという言葉は、上司と同僚を含みます。

1. 職場が今まで経験したことがないような困難な状況に遭遇しても、上司や同僚たちを信じて、みんなの判断や決定をできるだけ尊重する
2. 上司や同僚たちは頼りがいのある人たちだと思う
3. 職場のみんなで問題を解決したり、ものごとを検討したりする場合、私は自分の意見ややり方に固執しない
4. 私が普通どんな考え方をし、どんな時にどんな行動を取るかを、職場のみんなによく知ってもらうようにしている
5. 上司や同僚たちが何を考え、どんな反応を示すか分からない時でも、自分の考えや態度はできるだけ包み隠さず、気軽に話すようにしている
6. 上司や同僚たちが仕事や家庭で何か問題を抱えていれば、私は協力と助力を惜しまないことを伝え、必要があれば、実際にそうする
7. 職場のみんなは、私が嫌がったり困るようなことは、決してしないと信じる

8. 上司や同僚たちが日常、何を考え、何をしようとしているのかを、私はできるだけ正確に理解しようとしている
9. 私は、仕事の面だけでなく自分のプライベートな問題でも、出来るだけ上司や同僚たちに相談して、彼らの意見や助言を尊重している
10. 私は、自分の考えや意見を、状況によって、コロコロと変えない
11. 私は、状況の変化や不確実な将来について、出来るだけ楽観的に捉えるようにしている
12. 上司や同僚たちが、仕事や家庭の問題で難しい判断や決定をしなければならないという状況で、私が相談を受けた時、私は相手の立場にたって、相手が今よりも少しでも幸せになれるように一生懸命支援する
13. 上司や同僚がどんな人かも分からない、過去に何をしてきたのかも分からないといったときでさえも、困っていれば、私はできるだけ支援する
14. 職場のみんなは、私がミスを犯したり、仕事がうまくやれず弱音を吐いても、それを認めてくれ、場合によっては助けてくれると信じている
15. 私は仕事のうえでもオフの時でも、どんなささいなことでも、約束したことは必ず守る
16. 同僚が仕事でミスをして、その繕いに苦労している時、私はできるだけ相手に何も知らないふりをして、助けてあげる
17. 上司や同僚たちを、自分の都合で、あるいはまた自分の利益のために利用するようなこと

は決してしない

18. 私は仕事では、どんなことがあっても、上司や同僚たちには嘘は付かないし、ごまかさない

19. 仕事の上で、たとえ同僚たちと言い争いや喧嘩になっても、また無視されたり馬鹿にされても、自分が正しいと思ったことは決して曲げない

20. 私は、仕事上の問題で、自分がどうしても納得できない時は、納得いくまで話し合う

21. 私は、職場では明るく快活に話したり振舞っている

22. 同僚が仕事でミスしても、それを決して口外したりせず、他の人に気づかれないように助けてあげる

23. 同僚が仕事でミスを犯したり目標が達成できない時に、信じられないような弁解をしても、相手は本当のことを言っていると信じる

24. 職場では、私はできるだけ謙虚に振舞うが、必要に応じて、積極的に主張したり行動を起こす

25. 私は仕事のうえでもオフの時でも、上司や同僚たちの悪口を言ったり、噂話はしない

26. 私は、職場では、特定の仲良しグループを作ったり、なかに入ったりしない。とにかく中立の立場で、誰とでも仲良くしている

27. 私はいつも同僚たちから浮き上がってしまうような服装や言動はしない

28. 私は仕事のうえでもオフの時でも、上司や同僚たちとは、コミュニケーションを活発に取っている

29. 私は仕事のうえでもオフの時でも、意図的に旗を振ったり、リーダーシップを取ったりしない

・顧客から信頼を得る方法

以下の項目は、とくに営業パーソンが顧客との間で、強い相互信頼関係を構築するためのキーポイントです。製造や人事、経理、研究開発などで働いている人の場合、社内顧客を想定して下さい。

相手から信頼されるためには、相手から「この人は感じがよく、正直で誠実だから安心できる」と思ってもらわなければならない。つまり信頼関係は、好意の形成から始まります。

1. もし顧客に褒められた時には、その本心は何だろうかと勘繰らない。ただ素直に喜び、それを感謝し、態度や表情に表す
2. もし顧客とどんなことでも約束したら、その顧客は約束を決して破らないと信じる
3. たとえどんなに忙しい時でも、顧客に強く誘われたら、拒否しない
4. どんな時でも、どんなことでも、顧客は常に自分に対してフェアに対応してくれると信じ

る

5. 自分が何らかの事情で、約束の場所に、時間通りに行けなくなったときは、事情を正確に礼儀正しく説明し、納得してもらう

6. どんなことでも、顧客は自分に対して嘘はつかないと信じる

7. 自分が提案したことを顧客が笑ったり、しつこく問いただしたり、否定したりしても、それは顧客が自分を馬鹿にしているとか、自分を軽視したり反感を持っているというふうには思わない

8. 顧客に対しては、率直にものを言う。ただし礼儀をわきまえ、相手の立場や気持ちを尊重する

9. 自分が顧客の希望（要求やニーズ）に適切に対応できなかったとしても、顧客は人前では、自分を馬鹿にしたり非難したりはしないと信じる

10. 顧客に、たとえ自分のプライベートな問題や悩みでも相談すると、その人は心から話を聞いてくれると信じる

11. 顧客と待ち合わせの約束をしていて、その時間と場所を後で自分の方に知らせてくれるように頼むと、その人は必ず連絡してくれると信じる

12. 顧客が一方的に約束を破り、その弁解をすると、私はそれを信じる

13. 顧客と契約や約束をしているが、それをなかなか守ってくれない。しかし顧客が「間違い

ない。「心配するな」と言えば、私はそれを全く疑わない

14. 顧客と待ち合わせの約束をしたとしよう。しかしその人がなかなか来ない。そういう場合、私は、正当な理由があって遅れているのだと思い、来るまで待つ

15. 顧客から重要な書類を借用していたが、それを紛失してしまったとしよう。このような場合、うっかりミスでは済まされないだけに、私はどんなことをしても捜しまわる、それでも見つからない時は、償いでもなんでもする

16. 顧客から仕事のことやプライベートな問題を相談されたら、自分にできる限りのことはする

17. 顧客に、ついうっかり社内のマル秘情報を漏らしても、その人は決してそれを外に漏らさないと信じる

18. 顧客に対しては、商品・サービスの良い点も悪い点も包み隠さず情報開示する

アイデンティティの形成・強化

自信を持つ、強めるうえで、アイデンティティは非常に重要な働きをします。そこで、アイデンティティの形成・強化の方法を提案する前に、アイデンティティそのものについて少し詳しく説明しておきます。

・アイデンティティとは

アイデンティティの基本的な部分は青年期に確立します。アイデンティティは性、役割（職業、職種、公式の立場、など）、集団（仲間、クラス、学校、会社、家・家系、など）、人種・民族・国家、出身地などといった、何々に関するアイデンティティという風に用いられますが、一般に、アイデンティティとだけ言う場合は自己同一性（セルフ・アイデンティティ）を指します(14)。エリクソンによれば、自己同一性は４つの基準（自己の単一性、連続性、不変性、独自性の感覚）によって定義されますが、分かりやすく言えば、次のような自己意識の総体のことです(14、50)。

・自分は自分であり、これこそがほかならぬ自分であると、自覚していること
・この自分でよいと思う自己肯定感と、これからもこの自分でやっていけるという自信があること
・この自分は周りから受け入れられているし、社会（家族あるいは仲間、学校、職場）にとっても価値のある人間であるという、自己の存在感や有能感が持てること
・この自分が好きだという健康な自己愛の感覚を持ち、自分らしさがあるという実感があること

だから、これらの感覚がネガティブな場合、アイデンティティに障害があると理解されます。特に「本当の自分が分からない」という場合は、同一性拡散の状態といわれます。

エリクソンによれば、アイデンティティの形成そのものは生涯続いていきますが、その基本的な確立は青年期に成し遂げられる心理社会的な課題なのです。人は青年期に入って初めて、アイデンティティの危機を経験し、それを克服しようともがきます。危機の最大の原因は、思春期に身体内部で必然的に発現する第二次性徴による、身体的変化と性衝動への気づきが、自己の身体イメージを不安定にし、自己の連続性や不変性の感覚を脅かし、自己イメージの混乱や動揺を引き起こす点です。つまり今の自分は以前の自分とは違う、自分で自分が分からない、自分が頼りない（自分に自信が持てない）といった危機感を生み出すのです。

この危機の中で、青年は「自分とは何か、自分はどう生きていけばよいのか、本当の自分らしさとは何か」と自問しながら、自分なりの答えを見出そうと努力します。こうして青年はアイデンティティの確立を目指すのです。

アイデンティティ形成状態

アイデンティティ形成状態には次の４つのタイプがあります。マーシャ（Marcia,J.）らのアイデンティティ・ステイタス（identity status：同一性の状態）の分類によれば[50]、

・アイデンティティ確立志向型（アイデンティティ達成の状態）

危機を体験し、その葛藤の中で自分の可能性を模索し、自分なりの解決策を見出して、自

分なりの生き方というものを主体的に選択・確立して、それに基づいて行動している状態

・アイデンティティ早発型（アイデンティティ早期完了の状態）

自分の生き方について、両親や権威（人、組織・機関）の期待と目標をそのまま受け入れて、自分の生き方について迷うことなく、専心している状態

・アイデンティティ・フリー型（モラトリアム状態）

危機を体験している最中で、迷いながらも、自分が傾倒すべき対象を見つけ出そうと、もがいている状態

・アイデンティティ拡散型

危機を体験したかどうかに関係なく、傾倒すべき対象を全く持たず、自分の生き方が全く分からない状態。あるいはまた自分がどういう人間なのか、何をしたいのか、どうありたいのかがまったく分からない状態。さらにアイデンティティの確立をそもそも意識もしないし、求めようともしない状態（自分がどういう人間か・何のために生きているのかなんて考えたこともないし・そもそも考えようとしない、その日その日をただ漫然と生きている、その時々の感情に流されて生きている、何もする気が起こらずただ周囲に流されて生きている、といった状態）も含みます。

現在の若者の多くはアイデンティティ・フリー型かアイデンティティ拡散型でしょう。問題

は、若者がこの状態からいかにして抜け出して、アイデンティティ達成の状態に到達できるかです。そのためには、若者はまず危機克服力（問題解決能力）を高める必要があります。そうすると、危機克服力を高めるうえで、自信と、ストレス耐性を高めることがとりわけ重要になってきます。

アイデンティティの主要な形成要因は、どういう仕事をしているか（職業選択）、男性と女性のどちらの役割を果たそうと意識しているのか（生物学的な意味ではなく、性的な構え）、両親との関係、他者との人間関係、知覚・思考・判断、運動などに関するさまざまな能力、価値観、自信（自己効力感のこと）、ストレスに耐える力（ストレス耐性）、イデオロギーもしくは宗教です。しかし、基本は、危機克服力（問題解決能力）です。アイデンティティがどのようにして形成されていくのかについて、エリクソンはそれが生物学的発達と社会的発達の相互作用（浸透）の中で形成されていくといいます。しかしここでは、新しいモデルを提起します（図表10）。

健全なアイデンティティの確立のためには、若者はアイデンティティの形成で自分が現在どのような状態にあるのかを自ら認識する必要があります。そして、もしアイデンティティ・フリー型かアイデンティティ拡散型にあれば、そこから抜け出すにはどうすべきかを考え、案出し、行動に移さなければなりません。その際、自分の価値観や希望・期待、スキルなど、さらには自分が今置かれている状況を考えに入れる必要があります。

しかしとりわけ重要な解決方法は、危機克服力を高めることです。そのためには、とりわけ家庭、友人関係を良好にし、仕事での能力と自信を高めることです。それには自らさまざまな体験をすることのみならず、他人の経験や知見や提言を参考にしたり、モデリング（観察学習）によって自ら学習することも大事です。

会社や上司の側としては、まず社員がアイデンティティ形成でどんな状態にあるのかを見極め、アイデンティティ形成努力を必要に応じて、支援する必要があります。しかし社員の性格や能力を信じて、優しく見守るだけでよい場合もあるでしょう。ちなみに、社員のアイデンティティ形成状態を見極めるうえでは、次の点に注視する必要があります。

心理社会的な危機を克服できる人、できない人

まず、潜在的な危機の事態を本当に危機とみなす場合、普通モラトリアム状態になりますが、解決策を模索し、その危機を克服した時、人はアイデンティティ達成の状態になります。安心し、自分という人間を肯定でき、また自信が持て、これからの仕事に意欲が湧いてきます。

他方、克服できない時は、人は3つの道に分かれてしまう。前記の通り、1つ目は、危機的状況を避け、ただ単に心理的な安定を求めて、安易な解決を求める場合（早期完了型）。2つ目は、危機の中で、悪戦苦闘している状態であれば、それはモラトリアムの状態のままです。3つ目は、解決の努力を放棄し、もう関わり合わないとか、成り行きに任せるといった状態で

あれば、アイデンティティ拡散状態です。

次に、潜在的な危機を危機と捉えない場合、そこには、２つの道（危機をそもそも否定する場合、潜在的な危機を危機として問題視しない・分からない場合）があります。まず、潜在的な危機を否定する人は、アイデンティティ早期完了状態の人です。親や権威から与えられた価値観や生き方を守っていくので、そもそも潜在的な危機を危機として認めない、場合によってはそもそもそれが認識できないのです。

他方、潜在的な危機を危機として問題視しない・分からない場合、そこでは、また２つの道に分かれる。先ず１つ目は、すでにアイデンティティ達成状態にあるので、他の人には危機かもしれないが、自分にとってはそもそも危機でも何でもないという状態です。２つ目は、潜在的な危機に対して無関心を装ったりして解決から逃げてしまったり、そもそも危機が分かっていないというアイデンティティ拡散状態です。

アイデンティティの形成プロセス

以上に基づいてアイデンティティの形成プロセスをまとめると、図表10のようになります。社員は、家庭や仕事、レジャーなどの場でさまざまな問題（出来事）に遭遇し、それを解決（克服）しつつ、アイデンティティ状態を形成していくのです。本来はすべての場で、最終的に達成状態に到達するのが望ましいのですが、それは通常困難です。だから、すべての場で達

図表10　アイデンティティの形成プロセス

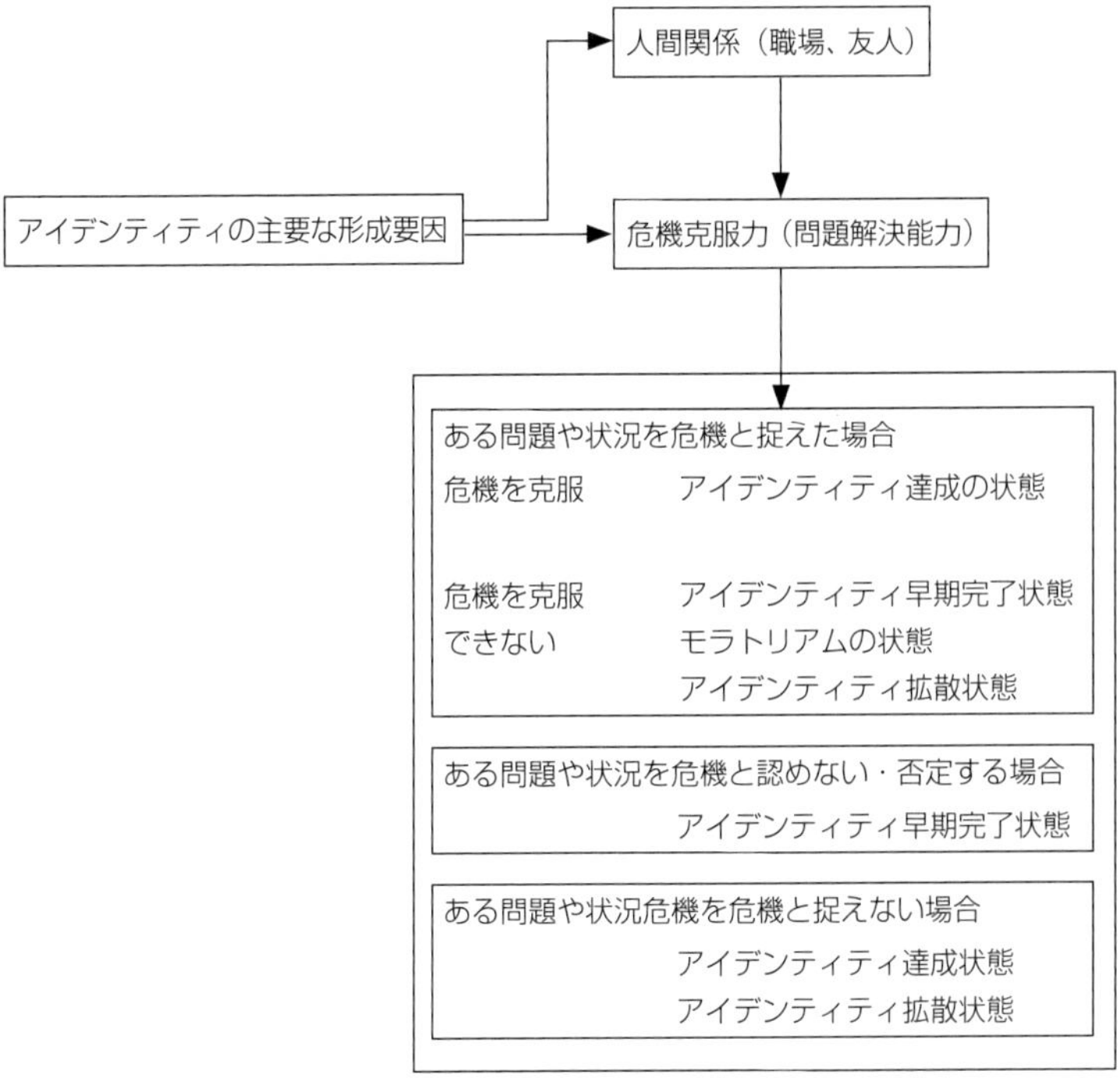

成状態に至らなくても、ほどほどの達成感と自己肯定感を持って、全体として安定したアイデンティティ状態にあれば、問題はないのです。

・社員のアイデンティティ状態を見極めるうえでのポイント

前述（１４７頁）のアイデンティティの定義のところでも述べましたが、その定義こそが、アイデンティティがどのくらい出来上がっているのか、何が不十分なのかを見極める基準なのです。

ウィットボーン（Whitbourne,S.K.）は、さらに絞り込んで、人が今現在、どのようなアイデンティティ状態にあるのかは次の２つによって判断できるといいます[50]。

・潜在的な危機の事態を、本当に危機と認識しているかどうか
・それにどのように取り組み、そして解決できているかどうか

つまり、心理社会的な危機の事態（たとえば、人から嫌われないようにするにはどうすればよいのか、心から話し合える友人を得るにはどうすればよいのか、職業選択で自分に向いている、あるいは自分を生かせる職業とは何か、就活はどうすればよいのか、就職先はどこにすればよいのか、結婚相手は本当にこの人でよいのか、結婚後どういう家庭を作りたいか、大事な取引先との交渉で成功するにはどうすればよいのか、など）というのは、青年期にはいつも潜在的に存在しています。しかし、それを危機と捉えるかどうかで、個人はアイデンティティ形成において異なる道を歩むのです。

しかしこのウィットボーンの判断基準は、あまりにも一般的すぎて、操作性に欠けます。

・健全なアイデンティティの具体的な形成方法

以下、健全なアイデンティティの具体的な形成方法について、アイデンティティの定義に基づく一般的な方法と、問題解決能力の強化に基づく方法を説明します。

具体的方法1．アイデンティティの定義に基づく一般的な方法

社員の健全なアイデンティティを形成するには、社員本人のみならず、会社側や人事部、上司は以下の4つのポイントを実現することです。ただしそれらに関する具体策は、部分的に重複しているところがあります（14、50）。

1．自分は自分であり、これこそがほかならぬ自分であると、自覚させること

たとえば、

・社員がやっていることや考えていること、癖や習慣を、決して否定したり馬鹿にしたり、一方的に変えようとしないで下さい。たとえ納得できないことであっても、先ずは、なぜ社員がそうしているのかの理由を確認し、それがそれなりに根拠のあるものであれば、それを認め受け入れることが大切です。そして必要に応じて、社員に自ら改善するように方向付けて

下さい。

・今の社員そのものを認め、受け入れ、それが今の自分なのだと、社員自身に理解させ、自己肯定させて下さい。

・社員のどんな面も、決して他の社員たちと比較しないで下さい。

2．この自分でよいと思う自己肯定感と、これからもこの自分でやっていけるという自信を持たせること

たとえば、

・社員の自己肯定感を強めるには、まず社員がどんなことやモノに強い興味・関心を持っているのか探って下さい。その興味や関心を認め、支持して下さい。もし明確に持っていないようであれば、会社や上司の方が働きかけて、それを作って下さい。そしてその社員の興味・関心をさらに強めて下さい。しかし会社や上司はその社員の考えや行動、さらには生活スタイルに深く関与しないで下さい。社員が求める限りは、できる限りの支援をして下さい。いずれにせよ、一般的には、社員の自由を束縛しないことが大事です。

・また社員の自己肯定感を強めるには、その社員の強み・弱みを社員自身にきちんと自覚させて下さい。そしてその強みを重視して、それをさらに強めるように、出来る限りの支援をして下さい。

・社員に、自分がやっていることや考えていることに自信を持たせて下さい。自信を持たせる

うえで特に重要なことは「自分にはできる」という気持ちないしは意識を持たせることです。もしその気持ちが弱いとか、十分持てないようであれば、その社員がやりたいこと、自信を持ちたいことを、易しい段階から一歩一歩クリアさせて下さい。最初から難しいことをさせて挫折させると、その社員は全く自信を失い、無力感を感じたり、興味も失ってしまいます。

その際大切なことは、自信を持っている社員とか、できる社員と決して比較しないことです。社員はそれぞれ発達段階も違うし、発達のスピードも違います。さらに性格も、持っている能力も違います。

3. 社員自身が、この自分は周りから受け入れられているし、価値のある人間（家族や友達の中で、会社や職場でも大事にされているとか、大切な役割を担っている）だという、自分の存在感や有能感が持てるようにすること

たとえば、

・自分が、職場のみんなから認められ、受け入れられていると感じさせて下さい。そのためには、社員の意見や考えをよく聞き、良い意見であれば、それを受け入れ、もし受け入れられない場合は、その理由を社員が納得できるまで説明して下さい。その社員が言ったことや行ったことを他の社員と比較し「・・・さんはもっとよくできたとか、早くできるとか」ネガティブな評価はしないで下さい。その社員は非常に傷つきます。言うまでもなく、他の社員たちの前では、きつく叱ったり、馬鹿にしたり、軽視・無視は絶対にしないで下さい。

・たとえば職場でみんなと楽しく仕事をしているかどうかなど、その社員や周囲の人から直接話を聞いたりして、社員の日常の行動を見守って下さい。社員ひとりでは解決できないような何か問題を抱えているようなら、その社員と一緒に、その問題の解決に取り組んで下さい。これは会社や人事部あるいは上司として必要な愛着行動です。だからこのような問題解決の際の大前提は、とにかく社員の自主性を重んじ、信頼することです。

・職場でみんなと楽しくやっていけるように、会社や上司として傍から社員を暖かく見守ると同時に、自主性を大事にしつつも、必要に応じて支援して下さい。たとえば職場の人間関係や会社の福利厚生制度、通勤などで不満や苦痛があるようなら、できるだけ取り除いてあげて下さい。

・社員が自分の能力や性格に不満や不安を持っているようであれば、決して他人と比較せずに、その社員の良いところや優れた点を指摘し、社員にそれを納得させ、自信を持つように方向付けて下さい。その際大事なことは、社員が価値を置いていることやモノ、また真剣にやってみたい、なりたいといった希望に向かって少しでも前に進めるように、支援することです。社員が一生懸命に取り組んでいる、取り組もうとしていることが、たとえ上司や周囲の人たちの目から見てあまり価値があるように思えないことであっても、非難したり否定しないで下さい。また会社として高く評価できるかどうかは、当面問題視しないで下さい。

4.この自分が好きだという健康な自己愛の感覚を持ち、自分らしさがあるという実感が持て

るようにすること

たとえば、

・その社員だから持っていると思うような、興味や目標、何か良いところを探し出し、それを社員自身にも気づかせて下さい。そしてそれが高まっていけば、上司は心から喜び、口に出して、態度や行動でその喜びを表し、褒めてあげて下さい。社員がそれにより一層喜びを感じるようにして下さい。優しさや気遣い、粘り強さ、慎重、決断力などの性格面、仕事やオフジョブで優れた点などで。そうすれば、社員は自分が好きになり、また何が自分らしさなのかにも気づいてきます。

具体的方法2．問題解決能力の強化に基づく方法

健全なアイデンティティを作り上げる第2の具体的な形成方法は、問題解決能力を強めることです。

問題解決能力を強めるうえで、とりわけ重要なことは問題解決の自信を強めることと、ストレス耐性を強めることでしょう。将来の危機や問題を克服・解決して行くうえで重要なものは、すでに持っている知識やスキルでもなく、これから獲得するであろう知識やスキルでもなく、「自分ならできる、やれるだろう」という強い気持ち、つまり自信です。将来の危機や問題に現有の知識やスキルが役に立つという保証は何もありません。ちなみに問題解決能力、ス

トレス知覚、自信の三者の間には、相互作用関係があります。

　またストレスは問題解決能力の行使に強い影響を与え、結果として自信の保持や形成に影響を与えます。しかも、同じ問題や事態が起こっても、それに強くストレスを感じる人もいれば、そうでない人もいます。じつはこのストレス知覚に関しても、自信が強く作用します。ここでは精神分析でよく問題にされる強迫神経症も含む神経症的な人ではなく、普通の人を想定します。

1．問題解決の自信を強める

　前述しましたが、我々が普通使っている自信という言葉は、正確には自己効力と言います。これは前述の通りバンデューラが１９７７年に開発した概念で「自分は、良い結果（成績、成果）に繋がる（生む）行動を取る（行う）ことができる、あるいは能力があるという強い気持ちないしは信念」のことです。つまり自己効力というのは、自分がすでに持っている知識やスキルそのものではなく、それを用いて自分には何がどの程度できるのかという自分自身の判断（力）のことなのです。これには一般的自己効力と特定自己効力があります。しかもこの自己効力（感）を強める（高める）には、前述の通り４つの源泉があります。

　それらをベースに、社員の問題解決能力を高めるうえで、社員本人のみならず、会社側や人事部、上司が社員の自信を高める具体的な方法としては、次のことを提案します。

社員の仕事の自信を強めて問題解決力を高める方法

パーソナリティ局面

・いろいろと異なる職場や、多くの人たちとの間でさまざまな体験を積ませて下さい
人事異動や配置転換はそれなりに意味があります。

・人の話や意見をよく聞き、その場の雰囲気や状況などにも気を配らせて下さい
これは対人関係能力を高めることに繋がります。

・コミュニケーション力の優れた社員の話し方や応対方法を学ばせて下さい
これはコミュニケーション力を高めることに繋がります。

・いつも自分を他人と比べるのではなく、自分はこれで良いのだと思わせる。劣等感を持たせないようにして下さい

・人から褒められたり注目されたら、素直に喜ぶように指導して下さい。素直に喜ぶと、相手も喜んだり、好意を持って、さらに多くの情報を提供してくれるようになる。結果、情報獲得力を高めることに通じる。またそのように感情表現力を豊かにすると、相手に安心感も与えることになります。

態度局面

・成功しても偶然だとか運がよかったと思うのではなく、それは自分の努力の結果なのだと思

うように導いて下さい。そのためには、冷静に自己分析と評価をさせる
・しなければならないことは、とにかく迅速に能率よくやってしまうことが大事だと思うようにして下さい。ただしその際、完璧を求めないようにさせる
・何でもよいから、成功体験を積ませて下さい。この経験が「やってみよう」という積極的な問題解決の意欲につながる
・他人の成功体験を学ばせて下さい。成功するうえで、人が問題にどういう姿勢で臨み、どう取り組んだかを学ばせる
・成功している人と自分を比べないようにさせて下さい。自分の欠点や短所ばかりに目を向けたり、劣等感を持たないようにさせる
・問題を解決するように、とにかく励まして下さい。問題解決に積極的に取り組む姿勢を作るように応援する

行動局面

・とにかく最初の第一歩を踏み出させて下さい
・何にでもがむしゃらに挑戦させる、出来れば挑戦し続けさせて下さい。失敗を恐れずにチャレンジさせて経験を積ませて下さい。たとえうまくいかなくても、叱ったり、馬鹿にしたりは決してしないで下さい
・何でもよいので、とにかく達成感、成功感を感じさせて下さい

・できないことやしたくないこと、興味のないことには、たとえ会社や上司、同僚から求められたとしても、勇気を持って直ちに断るようにさせて下さい
・自分の強みを見出し、一層強めるように励まして下さい
・人の良い面や優れた点は素直に認めるようになるように指導して下さい
・たとえどんな欠点があろうとも、今の自分を好きになるように指導して下さい
・自分のことや自分の家族、持ち物の自慢話をしない、出来るだけ他人を批判したり否定しないように指導して下さい。これらは人に嫌われる最大の理由です
・他人と意見の対立や食い違いがあるのは当たり前、自分を好きな人もいれば嫌いな人もいるのが現実だと、強く思うように指導して下さい。自信の弱い人間ほど、人の目や噂を気にしすぎるし、周囲の人たちに同調して周りに流され、自分という人間を見失ってしまう
・他人からの批判や否定、ねたみ、告げ口、悪い噂を恐れずに、主張するように指導して下さい。これが自信の強い人間を作ります
・やってみたいことや、出来ると思うことは積極的にやるように、動機付けたり励まして下さい
・自分ができるかどうか不安な問題は、それをうまくやっている人の真似をしてでも、とにかく解決させて下さい。解決の努力を続けさせて下さい。そして、とにかく達成感を感じさせて下さい

・ミスをしたら「誰でもミスをするものだ」、「誰でも失敗を重ねて成功や成長していくものだ」ということを体験させて下さい。また納得するまで説得して下さい

・ミスや失敗は自分を伸ばすチャンスなのだと強く教えて下さい。できれば信念になるようにして下さい

・ネガティブな口癖や態度、ものの考え方（自分は何をやってもうまくいかない、……君は強いコネがあるから、学歴が良いから、とか頭がいいからいいよなー、そんな難しいことは俺にはわかんないよ、など）をする傾向があれば、どんなときにもそれは決してしないように指導して下さい。そういう傾向が、問題解決の意欲をそぎ、できない自分にしてしまいます

・どうしても今の自分には分からないこと、出来ないと思ったら、「分かりません、出来ません」とはっきり大きな声で返事をするように指導して下さい。自分の弱点を素直に吐露することは、自分を偽ることによる自己卑下感や羞恥心を持たなくてよく、精神の浄化になり、また周囲の人たちからも素直で好ましい人だと思われます

・やれること、しなければならないことは先延ばしせず、すぐにやらせて下さい

・新しい問題や難しい問題を解決しなければならない時は、気持ちや時間に余裕を持って慎重にじっくり取り組むように指導して下さい

・問題解決の際は必要不可欠なことだけに集中し、無駄なことはしないようにさせて下さい。仕事ができない人ほど、無駄が多いし、またあえて忙しそうに見せるとか、頑張りすぎる、

といった傾向があります

・問題がうまく解決できない時でも、弁解や愚痴を言わないようにさせて、その原因は自分の努力不足や判断の甘さにあると強く思うように指導して下さい。仕事ができない人ほど、愚痴が多い、弁解が多い、周囲の人の目を気にしすぎる、責任転嫁をする、そして自分の弱点を隠そうとする、ものです

２．ストレス耐性を強める

ストレス耐性を強めるには、現在２つの方法が考えられます。１つは、ストレスをできるだけ知覚しないようにする方法と、２つ目は根本的にストレスに強い人間に作り変える方法です。詳細については、前述「**Ⅳ　自信を一般的に強める方法－自信を強めるために不可欠な能力や人格を高める方法、ストレスに強い人間にする方法**」をご覧ください。

最後に、危機克服力（問題解決能力）が弱い社員には、対人関係能力と問題解決能力の自信を強めることと、ストレス耐性を強めることが不可欠です。これは健全なアイデンティティを形成するのみならず、人間としての自信を高めることに他なりません。

V 「特定の自信」を強める実践的方法

ここでは社員の一般的な自信や仕事の自信、就職・再就職の自信、などを強めるために、ワークショップ方式と、特定の活動を強めて自信を高める方式を活用します。

ワークショップとは、本来セミナーやグループワークとは違います。その定義は人によって少し違いますが、体験学習型の問題解決講座のことです。インストラクター（ファシリテーター）をリーダーに、何人かの参加者が集まり（集められ）、主体的に考え、新しい創造と学習をしながら、自身のあるいは参加者全員の問題の解決を図っていきます。ワークショップは、学びや創造、問題解決やトレーニングの手法です。参加者間で各自が抱えている問題を共有し、その解決のためにディスカッションをしながら協力し合い、全員が納得できる解決方法を作り上げ、それを各自が実践しスキルを高め、問題を解決していくというものです。

実際さまざまな種類の、そしてやり方のワークショップが開催されています。しかしテーブルマナーやヨガ、ダンス、ハンドメイドなどの教室のような単なる知識やスキルを伝授したり高めるものは、本来ワークショップではありません。

企業が実施しているワークショップも、何を目的とするものなのか、その目的実現の難しさや複雑さ・期限、ワークショップ運営の組織（社内の人的資源管理セクションか、外部の教育機関か）、参加者数、などによって、ワークショップの実施形態にはさまざまなものがあります。

1．ワークショップ方式を通じて自信を強める方法

スキルを高めるための標準的なワークショップ方式の例

失業者の職務探求スキル（職探しのスキル）を高めるための標準的なワークショップ方式だと、チョイらが主張するものがあります[8]。彼らは1年間にわたり同じプログラムで２５８のワークショップ（参加者数、計２９７８人）を開催し、その中から分析できるデータが収集できた１６９グループ（参加者数、計１２０２人）を選抜し、職探しの自信の向上策を研究した。そもそも彼らが使用した標準的なワークショップ方式というのは、

ａ．参加者の学習を高めるために、次を重視した。

・参加者の積極的な参加を促進する
・安心してグループ学習ができる環境を整備する
・グループメンバー間の相互作用、トレーナーとの相互作用を活発にする
・メンバー間の相互の助け合い・支援を促進する
・トレーナーへの信頼を高める

・参加者間のコミュニケーションを高めるための物理的環境を整備する。たとえばワークショップは、小さなテーブル数台と飲み物・茶菓子を備え付けた会議室で実施する

b．トレーナーの条件と開催期間

トレーナーの条件は、以下のような能力を通じて、失業者が直面しているさまざまな困難に精通していて、彼らに挑戦課題を提起できる人。たとえば、

・失業者各人が持っているスキルで移転可能、転用可能な分野や職務を識別できる

・就職先を見つけ出せる

・面接が適切に、効果的にできる

だから、トレーナー候補者には全員、このワークショップが始まる前に、本ワークショップの開発者、チョイらが提供した「集中型の１週間もしくは２週間の訓練者の訓練プログラム」に参加させた。

本ワークショップの期間は５日間。

c．ワークショップの参加者数とトレーナーの人数

ワークショップの平均参加者数は７名。１ワークショップ当たり、トレーナー２名。

d．進め方

第１ステップ　構造化されたエクササイズ

ここでは、参加者に、失業しているということがその当事者の心理にどんな影響を与えてい

るのか、そしてそれを克服するために求職活動はどうすればよいのかについて（通常はビデオを通じて）認識させる。

第2ステップ　ブレインストーミング

これは本来、問題の解決に関わるようなアイディアであれば、質の善し悪しは問わず、参加者に自由に多くのアイディアを提出させる。しかも、他人がすでに提出したものに類似していたり強く関係していたり、また既存のアイディアを少し変えたり結びつけたりしたものでもよい。これらのアイディアの評価や批判はしないということを参加者に徹底させる。こうしてアイディアを広く求め、深耕させる。

第3ステップ　グループ内部でのディスカッション

第2ステップで、求職活動をどうすれば成功させることができるのかを現実的に解決するために、提出された多くのアイディアを、各グループごとに検討し、有効な、かつ実行可能な方法を開発する。

第4ステップ　ロール・プレイ

開発した方法をメンバーが実際に行う。

e．ワークショップの内容、進め方、進行状態に関するデータ収集は、別の独立した評価チームが定期的に行い、監視した。

加えて、このワークショップ方式の効果を検証するために、ワークショップの開始前と後（ワークショップ完了後3週間以内に質問票を回収）に、職探しの自信のレベルを比較するための質問票に回答してもらった。この研究結果によれば、このワークショップが失業者の職探しの自信を向上させた原因は、次の通りであった。特に強かった原因（相関分析：$p<.001, N=1,202$）を1～3位まで挙げると、

第1位

・トレーナーが支持的リーダーシップを使用していた。

つまり、参加者との間で、頻繁に情報のフィードバック、情報の探求、エラーに関してオープンに議論をしていた。

・ワークショップ内部にオープンで良好な集団風土があった。

つまりメンバー間にオープンなコミュニケーション関係と信頼関係があった。

第2位

・ワークショップに参加する前に、職探しの自信が高かった人

第3位

・自分が属していたワークショップもしくはその下位グループをポジティブに知覚していた。

つまり職探しを成功させるうえで、新しいスキルを探求し身につけることが安心してやれる環境だと知覚した。

したがって、以上のような特徴を持った集団ほど、ワークショップ方式の効果が高くなるということができるでしょう。

４つのワークショップ方式

ここで取り上げる４つのワークショップ方式は、流れは前記の標準的なワークショップ方式ではなく、基本的に以下のエデン&アヴィラムのワークショップ方式に基づきますが、プログラム内容はバンデューラの自信形成の４つの源泉（試行錯誤、代理学習、説得、情動喚起）をベースにしています（前述「**自信の４つの源泉**」参照）。ちなみにエデン&アヴィラムの方式は後述「**求職者（特に失業者、フリーター、非正規社員）の仕事獲得の自信を強める方法**」の通りです。

以下の４つのワークショップ方式で一番重要なのは、改善訓練で用いるビデオ作りです。この善し悪しがワークショップの成否を決めるといっても過言ではないでしょう。だから、このビデオ作りの際は次の点に十分注意して下さい。

・ビデオの内容は、解決したい問題を可能な限り絞り込むこと

つまりその内容は総花的なものであってはなりません。焦点がぼやけてしまい、参加者も思

考を集中できなくなります。

・発見された問題を解決するために、その問題に特化した解決方法を説明している内容のビデオであること

ビデオの中の人物の背景や状況も、参加者の現状に近いものが望ましい。

・参加者が理解でき、納得できる内容であること

・参加者が実行（ロールプレイ）できる内容であること

・ビデオの中で実際にモデルとなっている人は、参加者が全く知らない人（たとえば同業他社で成績優秀な人、もしくは異業種で成績優秀あるいは社会的に著名な人）が望ましい。

このようなモデルの選抜は主に、ワークショップ参加者に、ビデオの内容に親近感を持たせるためです。もし俳優やタレント、劇団員をモデルとして採用する場合、その人は参加者に類似した人が望ましい。たとえば、性別、年齢、体格、雰囲気、癖、容貌や容姿、服装、態度、生活環境、学歴・出身学校、出身地、などで。

・参加者がビデオを見終わるのにかかる時間が4～5分から最長10分程度の内容にすること

・最後に、もう1つ重要な問題があります。それはインストラクターの選抜の問題です。

インストラクター如何で、どんなに優れたワークショップ訓練プログラムでも台無しになってしまうことがあります。インストラクターに最低限求められることは、参加者との間に信頼関係を作ることができる人かどうか、そして参加者の仕事の実態（実施しようとし

ている会社や職場、望ましい仕事の仕方なども含む）に精通した人かどうかです。だから、ワークショップ方式を採用する際、安易に教育訓練や研修会社に依頼しないで下さい。そういう会社に依頼する場合は、自社の条件や状況に照らして、慎重に精選して下さい。できれば、自社内で、ワークショップを運営することが望ましいでしょう。

・社員の生活全般（職場や家庭）で自信を強める方法

社員が、職場や家庭でいつも自信を持って（何かしら不安にさいなまれているのではなく）、自分らしく生活をしているかどうかを明らかにする。もし自信がないようであれば、どうしたらよいかという解決策を探る。

ワークショップを開始する前に、対象者（参加者）を無作為に小グループ（５〜７名構成）に分ける。

ステップ１：前述のシャーラーら（１９８２）が開発した一般的自信の測定スケールを実施する。これは、職場と家庭の２つに分けて作成した方がよい。

ステップ２：社員各自に、職場と家庭で、普通、どのような生活を送っているのかについてそれぞれ自己報告書を作成し提出させる。その際周囲の人とは少し違うと思われる

ようなこと、あるいはまた自分らしいと思えることがあれば、詳細な自己報告書を作成させ、提出させる

ステップ3：ワークショップ

1．職場や家庭の場で、自分の希望が叶わなかったり、嫌なことがあったり、やる気を失ったりした時に、その結果としてどんなことが実際に起こったのかを思い出させる、あるいは推測させ、報告させる。

つまり、自分にどんな心理的なダメージが発生したのか、するのか、そしてその強さを、以下の7項目に関して、小グループで検討させ、各グループごとに報告させる。

・その原因は何なのか、誰に、どこにあるのか

・職場や家庭の場で、本当にやりたいこと、しなければならないことに今打ち込むことができているのか

・これから先、職場や家庭で楽しくやっていくことができるかどうかに関する不安

・これまでの人間関係、社会関係が崩壊するのではないかという不安

・職場や家庭で、現実に即した適切な行動が取れるのか

・自分らしい「いつものやり方」ができなくなるのではないか

・自分の職場や家庭での生活の仕方と場、また生活環境を根本的に変えるべきではないか

社員が職場や家庭で多くの問題を抱えているようであれば、職場と家庭の2つに分けて、検討した方が良い。

2．改善訓練

2．1　最初4～5分、ビデオを見せる

「自信を持って生き生きと、はつらつと仕事に打ち込み、楽しい家庭生活を送っている人の活動状況」のビデオを見せる。

ワークショップで解決する問題を、職場と家庭に分けている場合は、その2種類のビデオを作成しておく。

ビデオが準備できない場合は、インストラクターが、モデルとなるような人の状況について、事例を説明をする。

2．2　ビデオの中の人が、なぜそのように仕事に打ち込み、楽しく生活しているのかについて、小グループ内で検討する。検討結果を、グループごとに、報告させる

この時、インストラクターと他の参加者は、報告している人やそのグループに対して称賛と激励を与える。

2．3　次に、インストラクターは、その報告に関して、良い点、悪い点、もう少し改善した方がよい点などを、参加者全員に検討させ、改善後の「望ましい行動」を報告させる

（情報フィードバック）

さらにインストラクターと他の参加者は、報告している人やそのグループに対して称賛と激励を与える。

2．4　改善後の「望ましい行動」を、各グループにロールプレイング方式で、実際に行わせる

3．訓練終了後に、再度、一般的自信測定のスケール（ステップ1で使用したもの）を実施する

4．測定結果を、以下の方法に従って、計算、解釈をする

計算方法

逆得点項目は2、4〜7、10〜12、14、16、17。全17項目の平均値を算出する。職場と家庭を分けた場合は、それぞれ平均値計算をする。

解釈

職場と家庭を分けて平均値計算をした場合は、それぞれに関して、

・4・00以上：問題はないようだ

さまざまな状況で、自分がものごとをうまくやっていける、解決していけるという自信が強い。

・2・00以下：問題がある
　さまざまな状況で、自分がものごとをうまくやっていける、解決していけるという自信が弱い。

解決方法

各グループごとに、また参加者一人ひとりが、
・平均点が3・00未満であれば、スコア1と2を付けた項目の評価を再度検討する。必要に応じて修正する。
・スコア1と2を付けた項目を改善するために、何をどうすべきかについて検討し、改善策を明記する。ただし、それは実行できるものでなければならない。そして改善策をロールプレイもしくは実際の職場や家庭で実行させる。
・平均点が4・00以上であれば、特に大きな問題はないと言える。

5．参加者は、ワークショップの前と後の測定結果を、合計点および、「1」、「2」、「4」、「5」を付けた項目に関して比較し、ワークショップ後、自分がどう変わったのかを理解する

6. 前記4. で低スコアのついた項目以外で、改善が必要で、かつ今実行できるのであれば、参加者にその改善策をロールプレイもしくは実際の職場や家庭で実行させる。

・社員に転職や独立に自信を持って取り組ませる方法

社員が将来、自分の希望する職種・職業に就くために他の会社に転職したり、あるいはまた独立できるように、今現在、自信をもって仕事に打ち込むようにさせる。

ワークショップを開始する前に、対象者（参加者）を無作為に小グループ（5〜7名構成）に分ける。

ステップ1：前述のシャーラーらが開発したスケールでもよいが、ここではタムズが開発した「今の仕事と職場に関する一般的な自信」の測定スケールを実施する。

ステップ2：参加者各自に、仕事がうまくいった時と、上手くいかなかった時における自分の仕事への取り組み方や職場の上司や同僚の対応・人間関係に関して詳細な自己報告書を提出させる。

ステップ3：ワークショップ

3.1　退職後（転職と独立のどちらかを選択させておく）、希望した職種・職業もしくは会社に進めなかったときに、どんなことが推測されるかについて、つまりどんな心理的なダメージが発生するか、そしてその強さを、以下の6項目に絞って、グループごとに検討させ、報告させる。

・人生の失敗者としての意識
・退職後、新しい職種・職業や会社で、本当に仕事に打ち込める自信があるのか
・就職後も、新しい仕事や職場でうまくやっていけるかどうかの不安
・これまでの人間関係、社会関係が崩壊するのではないかどうかの不安
・家庭生活に不安はないか
・自分らしい「いつものやり方」ができなくなるのではないかどうかの不安

3.2　職業訓練

3.2.1　最初4～5分、ビデオを見せる

「転職もしくは独立に成功した人が、うまく求職活動あるいは独立のための準備をしていた状況」のビデオを準備する。

ビデオが準備できない場合は、インストラクターが、モデルとなるような人の状況について、事例を説明する。

3.2.2　その人が転職あるいは独立に、なぜ成功したのかについて、前記の6項目の検討

結果を踏まえて、グループごとに検討する。そして検討結果をグループごとに報告させる。

3．23　ビデオを見て、その成功に導いたと思われる行動を参加者間でリハーサルさせる。そして、参加者たちに、良い点、悪い点、もう少し改善した方がよい点などを指摘させる。この時、インストラクターと参加者は、称賛と激励を与える。

ビデオがない場合は、インストラクターによるケースの説明に基づいて、その成功に導いたと思われる行動（望ましい行動）を参加者間でリハーサルする。

ステップ４：訓練終了後に、再度、新しい職場で働いている自分を想定して、前記の測定スケール（ステップ1で使用したもの）を実施する。

テスト結果を、以下の方法に従って、計算、解釈をする。

計算方法

項目番号19は逆得点。全項目の合計点を算出する。各グループごとに、また参加者一人ひとりに行う。

解釈

各グループごとに、また参加者一人ひとりに関して、平均値が、

・4・00以上：問題はないようだ

・2・00以下：問題がある

解決方法

各グループごとに、また参加者一人ひとりが、

・平均点が3・00未満であれば、スコア1と2を付けた項目の評価を再度検討する。必要に応じて、修正する。

・スコア1と2を付けた項目がある人は、それらを改善するために、何をどうすべきかについて、まず参加者自身が検討し、改善策を明記する。ただし、それは実行できるものでなければならない。場合によっては、参加者とインストラクターが、相談しあって、改善策を案出する。

・平均点が4・00以上であれば、特に大きな問題はないと言える。

ステップ5：ワークショップの前と後の測定スケールの結果を、平均点および、「1」、「2」そして「4」、「5」を付けた項目に関して比較し、ワークショップ後、自分がどう変わったのかを理解させる。

ステップ6：改善が必要で、かつ今実行できるのであれば、その改善策をロールプレイもしくは実際の職場で実行させる。

ステップ7：最後に、参加者ひとりずつに、みんなの前で、はっきり、次のように宣言させる。

・参加者が少数の場合は、一人ひとりに、「自分は……が原因で、転職あるいは独立に自信がないようです。だから、それを直すために、……をやって、転職あるいは独立に自信をつけます」

・参加者が多い場合、グループリーダーに、「自分たちは、……が原因で、転職あるいは独立に自信がないようです。だから、それを直すたに、……をやって、転職あるいは独立に自信をつけます」

インストラクターはワークショップの最後に、“You can do it !” を強調する。

・今の仕事や職場で自信を持つ方法

社員自身が今の職場や仕事で、自信をもって働き、よい成績を上げることができるようになるにはどうすればよいのでしょうか。ここでは、この問題を解決します。とくにこのワークショップは、今現在、仕事に自信が持てずに悩んでいる人に最適でしょう。

ワークショップを開始する前に、対象者（参加者）を無作為に小グループ（5〜7名構成）に分ける。

ステップ1：前述のタムズが開発した「今の仕事と職場に関する一般的な自信」の測定スケールを実施する。

ステップ2：自分の会社での普通の生活で、同僚や他の人たちそれを比べ、少し違っていると思う職場での出来事などがあれば、それに関しても詳細な自己報告書を、参加者各自に提出させる。

ステップ3：ワークショップ

3.1　まず始めに、仕事がうまくできなかったり、よい成績を上げることができなかった時に、どんなことが推測されるかについて、つまりどんな心理的なダメージが発生するか、そしてその強さを、以下の7項目に関して、小グループ（5〜7名構成）で、検討させ、グループごとに報告させせる

・人生の失敗者としての意識

・これからも、本当に、仕事に打ち込むことができるのか

・これまでの人間関係、社会関係が崩壊するのではないか
・これからの家庭生活に不安はないか
・仕事や職場で、現実に即した適切な行動が取れるか
・自分らしい「いつものやり方」ができなくなるのではないか
・転職あるいは独立を考えておくべきではないか

３．２　職業訓練

３．２１　最初４～５分、ビデオを見せる

「仕事でバリバリ活躍して成果を出している人が、職場や家庭、社外でどのような働き方や活動をしているのか」を描いたビデオを作成しておいて、見せる。

ビデオが準備できない場合は、インストラクターが、モデルとなるような人の状況について、事例を説明をする。

３．２２　ビデオの中の人が、なぜ仕事に積極的に取り組めているのか、また会社からも高く評価されている職務態度や職務行動ができるのかについて、主として前記３．１の７項目の検討を踏まえて、グループごとに、検討する。原因行動に関する検討結果を、グループごとに、報告させる。

３．２３　ビデオを見て、そのような優れた業績に導いたと思われる、とりわけ原因行動

（望ましい行動）を参加者間でリハーサルさせる（ロールプレイング）。

そして、グループ内部で、またグループ間で、良い点、悪い点、もう少し改善した方がよい点などを指摘させる（情報フィードバック）。

この時、インストラクターと参加者は、称賛と激励を与える。

ビデオがない場合は、インストラクターのケース説明を検討して明らかになった原因行動をリハーサルさせる。

ステップ４：訓練終了後に、再度、前記の測定スケール（ステップ1で使用したもの）を実施し、その結果を検討させる。

計算方法

項目番号19は逆得点。参加者各自が全項目の合計点を算出する。

解釈

平均値が、

・4・00以上：問題はないようだ

・2・00以下：問題がある

解決方法

参加者各自が、

・平均点が3・00未満であれば、スコア1と2を付けた項目の評価を再度検討する。必要に応じて修正する。

・スコア1と2を付けた項目がある人は、それらを改善するために、何をどうすべきかについて、まず参加者自身が検討し、改善策を明記する。ただし、それは実行できるものでなければならない。場合によっては、参加者とインストラクターが、相談しあって、改善策を案出する。

・平均点が4・00以上であれば、特に大きな問題はないと言える。

ステップ5：ワークショップの前と後の測定スケールの結果を、平均点および、「1」、「2」そして「4」、「5」を付けた項目に関して比較し、ワークショップ後、自分がどう変わったのかを理解させる。

ステップ6：改善が必要で、かつ今実行できるのであれば、その改善策をロールプレイもしくは実際の職場で実行させる。

ステップ7：最後に、参加者ひとりずつに、みんなの前で、はっきり、次のように宣言させる。
・参加者が少数の場合は、一人ひとりに、「自分は……が原因で、転職あるいは独立に自信がないようです。だから、それを直すために、……をやって、転職あるいは独立に自信をつけます」
・参加者が多い場合、グループリーダーに、「自分たちは、……が原因で、転職あるいは独立に自信がないようです。だから、それを直すたに、……をやって、転職あるいは独立に自信をつけます」
インストラクターはワークショップの最後に、"You can do it !"を強調する。

・求職者（特に失業者、フリーター、非正規社員）の仕事獲得の自信を強める方法

エデンら(12)は失業者の再就職を支援するために、以下の人たちを対象に、以降のワークショップを実施し、極めて高い効果を上げた。
対象者：イスラエルの失業者66名（教師、機械工、エンジニア、事務職員、経理担当者）
失業期間：2～18週間（中央値　8週間）
性別：男　28名、女　38名
彼らは、このワークショップ訓練の効果に関する研究の結果、次のような発見をしました。
・失業期間の長さと一般的な自信の間には強い負の相関があった

つまり、失業期間の長い人ほど、一般的な自信が低かった。

- ワークショップは一般的な自信を高めた
- 一般的な自信を強めると、求職活動も強くなった
  とりわけ、一般的な自信の強い人の場合に、ワークショップ訓練が求職活動を強めた。
- この実験当初に一般的な自信が低い人たちの場合、ワークショップに参加するかしないかによって求職活動の強さが明確に違った。
  この関係は、一般的な自信が高い人たちよりも強かった。つまり一般的な自信が低い人たちでワークショップに参加しなかった人は、求職活動が不活発で、再就職の可能性も低かった。
- 当初に一般的な自信が高い人たちは、ワークショップに参加しようがしまいが、その低い人たちよりも明らかに再就職の可能性が高かった
- 再就職の可能性の高さは、次の3つの要因によって決定された
  - 求職活動の強さ
  - 訓練前の一般的な自信
  - ワークショップへの参加・不参加

要するに、この実験の結果、エデンらが強く主張することは「一般的な自信が低い人の場合

にのみ、ワークショップへの参加が求職活動に強い影響を与え、再就職の可能性を高めた」ということであった。つまり再就職支援のためのワークショップは、一般的な自信の低い人たちに大きな希望を与えるものだった。

ワークショップの内容

ステップ1：失業者各自に、求職活動に関して詳細な自己報告書の作成・提出させた

ステップ2：一般な自信測定のために前記のシャーラーら（41）のスケールを実施した

ステップ3：失業がもたらした結果を報告させた

失業が、次の主要な10の項目（自信関連項目）に対して、与えた心理的なダメージの強さを、各自に報告させた。

・成功経験が失われてしまった、人生の失敗者としての意識
・就職後も仕事がうまくやっていけるかについての不安
・これまでの人間関係、社会関係に起こる変化への不安
・家庭生活の変化への不安
・失業前の職場や家庭生活での「いつものやり方」ができないことへの不安

など
（ただし日本の求職者を対象に、ステップ3を実行する場合は、日本企業の採用の実態や、働き方・労働条件・労働状況、職種ごとの雇用実態、地域社会の労働事情、文化的背景などに合わせた項目を設定した方が良い）

ステップ4：職業訓練

訓練マニュアル（Lapides,1980.Skills for Living and Working:Tools for Personal and Career Development）の一部を実施した。具体的には、

1．最初4〜5分、ビデオを見せる。

「就職に成功した人が、うまく求職活動している状況」のビデオを作製し、見せる。

2．その人が就職に、なぜ成功したのかについて、参加者間で小グループに分かれて、討論させる。この際、ステップ1と3で作成した資料も参考にさせる。

3．その成功に導いたと思われる行動を抽出・確認させ、それらを参加者間でリハーサルさせる（ロールプレイング）。

そして、参加者たちに、良い点、悪い点、もう少し改善した方がよい点などを指摘させる

（情報フィードバック）。

この時、インストラクターと他の参加者は、称賛と激励を与える。

ステップ5：訓練終了後に、再度、前記の測定スケールのチェックを実施し、その結果を比較・検討させる。

検討した結果、有意な改善が見られない点については、その改善の方法を、参加者各自、グループ内で、あるいはインストラクターと協議しながら、探る。そうして改善策が決まれば、それを実行させる。

2．特定の活動を強めて自信を高める方法

ここでは、ある特定の仕事（職務、職種、職位）で、社員が自信を強める方法を、ワークショップ方式ではなく、自信向上に効果的な個別の具体的な活動（職務を構成しているタスク）を明らかにします。だから社員は自らその改善に励むと同時に、会社側もその改善のために支援する必要があります。たとえば、教育研修を通じて、また組織構造改革や社風改革、職務内容の改善・改革、配置転換、福利厚生制度の改善などの人事管理改革を通じて。

しかしその個別の具体的な活動の改善にワークショップ方式も併せて採用できれば、効果はさらに増すでしょう。

以下の質問票を、社員自身あるいは職場、会社で使用する際の留意点として、

・以下の質問票は、社員自身が仕事で自信を強めるためのポイントを探し、また具体的に何をすればよいのかを明らかにすると同時に、会社側や上司にとって人事考課の基準項目として、また教育研修のポイントの確定にも使用できるでしょう

・質問項目の趣旨を変えることなく、社員自身あるいは職場、会社の実態に合わせて、質問項目の語句や表現形式を変えた方が良いかもしれません

・各スケールの質問項目のうち、いくつかの項目に絞り込んで活用したい場合は、職場や会社で重要な項目を、因子分析等を通じて、抽出することが望ましいでしょう

・質問項目で「望ましくない」回答をした項目に関して、その被験者個人もしくは職場の人たちに十分教育訓練を施して下さい。改善内容によっては、反復訓練あるいはロール・プレイング法が有効でしょう

・以下の質問票の使用では、通常5ポイントスケールを使用しますが、詳細に調べたいときには、次のような7ポイントスケールか11ポイントスケールを使用して下さい

あなたの今の気持ちを、次の5つの回答（1～5）で表してください。

1・・・まったく違う
2・・・かなり違う

３・・・合っているとも合っていないとも、どちらとも言えない
４・・・かなり合っている
５・・・まったくその通り

あなたの今の気持ちを、次の７つの回答（１〜７）で表してください。
１・・・まったく違う、決してそんなことはない（１００％違う）
２・・・かなり違う（1〜20％位合っている）
３・・・どちらかと言えば違う（21〜40％位合っている）
４・・・どちらとも言えない（50％位、つまり40〜60％位合っている）
５・・・どちらかと言えばそうだ（60〜80％位合っている）
６・・・かなり合っている、大体そうだ（80〜90％位合っている）
７・・・まったくその通り（１００％合っている）

指導者としての自信を強める方法

真に優れた経営者という人間はどのような特徴があるのだろうか。古くは、現代の組織論の父とも呼ばれるバーナード（Barnard,C.I.）を初めとして、ミンツバーグ、マッギニス、アイセンバーグ、エイガー、タッガート＆ヴァレンツィなど多くの研究者が、広範囲かつ詳細な研究

をしてさまざまな発見をしている(26)。

たとえば、マッギニスはミンツバーグ（Mintzberg,H.）の「真に優れた経営者は直感力と分析力を統合できる人だ」という主張に基づいて、経営者が実際に戦略を創造する際に分析力と直感力を適正に統合するには、どんな条件が必要なのかを、GM,3M,Wendy,Polaroid,Bendix、US航空など米国を代表する大企業について調べた。そして最終的に、戦略形成過程において分析力と直感力はどのように統合すべきかの基本的なフレームワークを構築した。

彼の研究によれば、真の経営者に必要な条件とは、次の6つであった。

分析的、合理的、体系志向的な活動

・高い情報処理能力
・高い組織的均衡の形成、維持の能力
・高い組織分析力

全体論的な直観力志向的な活動

・強い革新的風土とイノベーション管理
・強い順向性（proactivity）
・強いリスクテイキング性向

ここでは、リーダーシップそのものについて明確に言及されていない。この点は、他の研究者も同様です。

しかしながら、米国企業は１９８０年代に入ると、前代未聞の不確実性や騒乱、急激な技術革新、熾烈な市場競争に直面してきました。そこで求められたのが理想的なリーダーです。

このような環境激変の状況では、過去の経験則に基づく経営や、産業や市場、組織内部の秩序・安定志向の経営、社内重視の経営、リスクアバーシブな経営などでは、とても企業の生存を確かなものにすることができない。それを確かなものにするのは、組織のビジョンを創出し、それに向かって社員の献身的な努力を引き出し、一致団結させ、大規模かつ根本的な革新を粘り強く実現できるリーダーであった。それをバス（Bass,B.M.）は革新型リーダー（変革型リーダー：transformational leader）と呼んだ(27)。

この革新型リーダーというのは、そもそも人々に報酬を与えずに、人々が目的に向かって自らを奮い立たせるように仕向けることによって、社会や組織を大規模に変革させることできる人のことを言います。このように人々を奮い立たせるのは、リーダー自身のビジョン、情熱、使命感、そして価値観なのです。まさにカリスマ性を持っているのです。

ちなみに、バスは、革新型リーダーは、次の４つの条件を兼ね備えていなければならないと考えた(27)。

a．カリスマ性

次の3つの能力を必要とします。

・心躍るような、魅力的なビジョンを明確に掲げることができる
・部下たちが高い努力を発揮するように、勇気づけることができる
・自己への強い尊敬、誠実、忠誠、そして信頼を勝ち取り、また浸透させることができる

b．部下たちに感動を与え、導くこと

次の3つを用いることによって、部下たちから高い信頼を得、部下たちを高い目標の達成に駆り立てることができる。

・感情に訴える
・伝えようとするイメージを、生き生きと、説得力を持って伝達する
・模範を示す

c．知的刺激付け

部下たちに、創造性に富んだアイディアを提示し、彼らの従来の意思決定のやり方を改革すること。とりわけ、問題の発見、概念化、理解、解決策の案出のプロセスを根本的に改革する

d．部下たちに対して個人重視で対処すること

部下の能力と意欲を、自ら積極的に改善させるために、部下たちに模範を示し、部下個々人に応じたタスク（課題）を与えること

しかし、このバスの革新型リーダーの4条件の前に、バーンズも次のような4つの能力を明らかにしています(27)。これらは「はじめに」のところで触れました岩崎弥太郎と本田宗一郎の主張に酷似しています。

・革新を生むビジョンを創出し、人々の間に広め、しかもそれに熱中させる
・強い反対があっても、そのビジョンを粘り強く実現していく
・自分と、自分の使命に、強い自信を持つ
・人々が革新を積極的に支持し、その実現に向かって努力するように、彼らのコミットメントを粘り強く獲得していく

バスもバーンズも、革新的ビジョンの創出と、その実現を、革新型リーダーの基本だと考えています。ということは、この2つがなければ、指導者は単に平凡なリーダーであって、社会や会社に革新をもたらす指導者ではないのです。

・革新型リーダーとして自信を強める方法

この測定スケールは、バスに基づき、革新型リーダーに必要な基本的な性格特徴を測定します(27)。しかし、これらすべてが高い人は皆無でしょう。だから、より多くの特徴を兼ね備え

た人ほど、革新型リーダーの傾向が強いと言えます。

ちなみに、次の「**革新型リーダーシップの行使に自信を強める方法**」も同じですが、ここでは、経営者を念頭に置いています。しかし各スケールの基本は指導者を想定していますので、政治や文化、芸術、教育、医療などのさまざまな分野の指導者から、大学や高校のクラブ・サークルの学生指導者や、非公式な社会支援活動グループの指導者など、さまざまな社会、組織、集団の指導者にも適応できます。ただし、対象や場の違いによって、文言の変更・修正、項目の追加・削除が必要になる場合があります。

以下の各項目は、自己評価よりも、その人をよく知る第三者が評価した方が良いでしょう。この結果に基づいて、指導者もしくはその候補者は、自らを変革して下さい。

1　他人に同調したり、服従することを嫌う
2　強いパワー欲求（支配欲求）を持っている
3　他人を模倣することを嫌う
4　創造性に非常に強い価値を置いている（革新性向が非常に強い）
5　自分の能力に強い自信を持っている
6　決断力が優れている
7　リスクテイキング傾向が強い

8　優れた説得力を持っている
9　感受性や理解力、判断力、論理的思考、表現力、洞察力に優れている。たとえ、これらすべてに優れていなくても、そのいくつかには特筆すべきものがある
10　忍耐力が強い
11　達成欲求が高い
12　高い倫理性を持っている（私利私欲を決して求めない）
13　現状や、既存の慣習・慣例を否定し、秩序・安定を嫌う
14　非常に高い人間的な魅力がある

・革新型リーダーシップの行使に自信を強める方法（1）

これは、バスが革新型リーダーの具体的に取るべきリーダーシップ行動を測定するために開発した4次元18項目です。それを、自信を強めるスケールの形に、筆者が変えました。

各項目は、自己評価よりも、その人をよく知る第三者が評価した方が良いでしょう。この結果に基づいて、指導者もしくはその候補者は、自らを変革して下さい。

a．教導

1　自己のメッセージやビジョン（革新）を創り上げ、その意義、そして合理性を正当化して

いる

2　ビジョン実現への情熱、そしてそれに対する自己の確信を公式、非公式に繰り返し主張している。とりわけ、ビジョンの正しさを、信念を持って断言し続けている

3　自己の過去の成功体験や、それに導いた自己の能力について、社員たちに認識させている

4　社員たちに「努力すれば、こんな素晴らしい成果が期待できる」という形で、ビジョンを簡潔に、かつ分かりやすく描いて見せている

5　ビジョンが実現すれば、社員たちの価値観や理想、目的、目標が達成できることを理解させている

6　もし社員たちの態度や行動に対して、賞罰を与える必要がある場合、公明正大に、それが与えられる者も納得がいくように与えている。ただし、罰はできるだけ与えないようにしている

b. ビジョン実現のために社員のモティベーションの強化

7　仕事目標（高い生産性や売上高、利益など）の意義について、社員に強く自覚させている

8　社員たちの個人的な目的や関心よりも、組織や集団の利益を優先することの重要性を、社員たちに強く認識させている

9　社員たちが低次の欲求（生理的、安全、社会的、尊敬の各欲求）ではなく、高次の欲求（挑戦、責任、達成、成長の各欲求）に価値を置くように、強く指導している

10 社員たち自身に、自らの能力を開発させると同時に、現有能力を最大限に発揮させている

c. 役割の付与・実行

11 社員個々人に、本当にやりがいを感じられる仕事を割り当てている

12 社員たちに、自ら範を示している

13 社員たちを信頼し、彼らに、より大きな責任と権限を与えている

14 自らの仕事や、会社にとって重要な仕事に関して、望ましい仕事のやり方を自ら模索すると同時に、社員たちにも真剣に探求させている

15 社員たちに、知的刺激を強く与えている。つまり、社員たちが従来用いていた問題解決プロセスや仕事遂行手続きの有効性と合理性について、厳密に検討させている

d. 人間関係の改善

16 自ら、社員たちに奉仕している

17 社員たちとの間に良好な非公式な人間関係を作り上げ、それを揺るぎないものにしている

18 社員たちや、ビジョンの社外の賛同者、支持者、理解者と緊密なコミュニケーションを取り合って、情報を共有し、関係を強固なものにしている。また、そういう人を多く作り上げている

・革新型リーダーシップの行使に自信を強める方法（2）

これは、ポドサコフらが開発した革新型リーダーシップ行動です(39)。6次元22項目から成ります。それを、自信を強めるスケールの形に、筆者が変えました。

各項目は、自己評価よりも、その人をよく知る第三者が評価した方が良いでしょう。この結果に基づいて、指導者もしくはその候補者は、自らを変革して下さい。

a. ビジョンを明確に創り、社員に訴える

1 会社が現在どこに向かっているのか、何を何のためにしているのかについて明確に理解している

2 会社にとって、魅力的な将来像を描いている

3 会社のために、新たなチャンスをいつも探している

4 会社の将来について、いろいろな計画を考え、立案し、それを社員たちの心に強く訴えている

5 社員たちを、今の会社の将来に関する私自身の夢に、心から夢中にさせることが、私にはできる

b. 社員に手本を示す

6 私は、社員たちを、説得力よりも、むしろ行動力でぐいぐい引っ張っていく

7　私自身、社員たちにとって、良い手本（モデル）になっている

8　私は、社員たちを、理論や推測によるのではなく、実践的に（実際に自分でやって見せる、あるいは実例を用いて）引っ張っていく

c．社員に目的を受け入れさせ、団結させる

9　社員たちの間に、良好な共働関係を育てている

10　社員たちに、積極的なチームプレイを奨励している

11　社員たちが、同じ目標に向かって、一致団結して努力するように、させている

12　社員たちの間に、強いチーム・スピリットを育てている

d．社員に高業績を期待する

13　社員たちに、仕事で非常に期待していることを明確に示している

14　仕事に関しては、最高の業績に固執し、それを社員たちに強く求める

15　どんな場合でも、次善の策とか、適度の目標といったものは設定しない。あくまでもベストを追求する

e．社員に個人的な支持を与える

16　自分の考えや主義、信念を実現するためにも、社員の気持ちを大事にしている

17　会社を経営していく上で、常日頃、社員たちの仕事や家庭生活の状況を理解し、彼らの気持ちや考えを最大限尊重するように心掛けている

18　社員たちの欲求や願望を最大限満足させることができるように、リーダーとしてできる限りのことをしている

f．知的刺激を与える

19　どんな問題にも、たえず新しい見地から、あるいはまた新しいやり方で取り組むように、社員たちに訴えているし、要求もしている

20　社員たちが、何事にも真剣に考え取り組むように、機会を見つけて、いろいろな質問を投げかけている

21　社員たちに、仕事は今のままのやり方や考え方で本当に良いのかを考えるように、叱咤激励している

22　私は、会社の発展に、社員たちを積極的に挑戦させるための、良いアイディアを持っている

社員の仕事の自信を強める方法

・仕事ができる人間にする方法（1）

社員が以下の10項目について「まったくその通り」と回答できるように、会社側は指導して下さい。また社員は、自分がそう回答できるように、意識や行動を変えて下さい。

1　私は、これまでさまざまな経験をしてきたおかげで、人間的にも成長してきたと思う

2　私は、仕事でも人間的にも成長し続けられるように、いろいろな機会や方法を模索し、学び、実践している

3　私は、職場の人たちが仕事でも人間的にも成長し続けられるように、いろいろな機会や方法を利用して、みんなを支援している

4　私は、今まで、仕事の上でもオフ・ジョブの場でも、多くの有意義な経験をしてきたと思う

5　私は、仕事に必要な新しい知識やスキルを積極的に身に付けるように心がけている

6　私は、「人は、仕事での行動とその成果で、自己を表現できる」と信じている

7　私は、「人は、自分のキャリアは自分ひとりの力で作り上げ、またそのキャリアは自己管理できる」と信じている。つまり自分の将来は、本来、自分ひとりで切り開くものだ

8　私は、生涯かけて、自分の可能性を高め、広げたい。そのためには、さまざまなことや問題にチャレンジし続ける

9　私は、どんな仕事に就いても、自分らしい独創的な結果を出したいと思っている。できれば、周囲の人たちが驚くようなアイディアやコンセプト、やり方を考えだし、職場や会社に貢献したい

10　私は、職場の同僚たちの仕事目標の達成を、自分にできる限りにおいて、支援している

・仕事ができる人間にする方法（2）

これは、社員が今のキャリアで成功するために、自分は何を改善すればよいのかを明らかにします。社員が以下の8項目について「まったくその通り」と回答できるように、会社側は指導して下さい。また社員は、自分がそう回答できるように、意識や行動を変えて下さい。

1 私は、自分が決めた仕事目標は達成している
2 私は、「仕事をうまくやり遂げ、結果を出している」ということを実際に証明している
3 私は、いつも新たな仕事目標に向かって努力している
4 私は、職場では目立った存在であり、みんなの目標（模範）になっている
5 私は、今、「強いモティベーション→積極的な仕事活動→高い仕事成果→人間としても大きくなってきた（成長してきた）」という好循環に入ってきた、もしくは入っていると思う
6 私には、会社の中で、仕事の上でも人間的成長の上でも、多くの機会や可能性がある
7 私は、今、組織の階段を上っていると思う
8 私には、大きな夢がある。会社の中で、できるだけ高い地位について、自分が何を、どこまでやれる人間なのかを知りたい

管理職として自信を強める方法

ここで管理職というのは、主としてミドルとロワーの管理職を想定しています。

・管理職として自信を強める方法（１）

管理者に不可欠な能力は７つあるといわれます。それはリーダーシップ、コミュニケーション、時間管理、問題解決、部下管理、対人関係、自己啓発の能力です。しかし最も重要なものは能力よりも自信、とりわけリーダーシップに関する自信だと考えられます。

クリーブランド&ランディ[10]は、米国東部のある大手メーカーの２つの事業部の上級管理者（サンプル１：５１３人、男性、21～65歳、サンプル２：１７８人、男性、22～64歳）を、その直属上司に業績評価スケール（管理職として成功するために、当社が必要と考えた６次元（時間管理、問題解決能力、部下管理、対人スキル、コミュニケーション・スキル、自己開発力）計15項目）を通じて業績評価してもらった。各項目は、両サンプルにおいて十分に高い内相関を示していた。結果として、管理者に必要な基本的な職務遂行能力として15項目を発見しました。これらは管理者に求められるリーダーシップ力の形成に不可欠な要因です。

これに基づいて、筆者が以下のように自信強化の14項目を開発しました。これらは、部下（管理者、管理職候補者）が管理職として自信を持つように指導する経営者や上位管理者に求められる行動です。

1. 指示した任務は時間内に正確にやり遂げることができるように支援する
2. 会社や組織単位（部門、課、チーム、など）の業績改善に役立つ革新的なアイディアを提案させる
3. 職務上のさまざまな仕事にきちんと優先順位をつけて、計画的にこなしていけるように指導する
4. 問題が起こったら、それを明確に定義し合理的かつ論理的に分析し、解決させる
5. 社内の主だった管理者たちと緊密な協力関係（人間関係も含む）を作り上げ、仕事を推し進めることができるように支援する
6. 権限移譲を適切に行う。つまり仕事をできるだけ部下に任せ、部下がその仕事をうまくやれるように適切にサポートし、仕事の成果を、その部下の仕事状況を踏まえて、部下とともに慎重に検討し、必要であれば改善策を立てさせる
7. 質の高い仕事をするように、適切に動機づけをし、必要に応じて丁寧に指導・支援をする
8. 仕事業績や能力、意欲をできる限り客観的に評価する
9. 部下たちには公正で首尾一貫した対応をする
10. 担当業務や管理方式に関して、最新かつ最良の知識やスキルを身につけるように指導・支援する

11. 仕事のやり方や成果の改善につながると思われる建設的な批判やクレーム、叱責なら、進んで受け入れ、自分の実際の仕事に活かすように指導する
12. 将来担当するかもしれない重要な職責や任務に備えて、当面の職務に必要な知識やスキル以上のものを身につけるように指導する
13. 仕事上必要なコミュニケーションを単に一方的に行うのではなく、その時々の状況や情報の性質・重要度に応じて、双方向的にも行う
14. 必要に応じて、自分の部下たちのみならず、社内のどんな部署のどんな人たちとも、適切かつ十分にコミュニケーションが取れるように指導・支援をする

・管理職として自信を強める方法（2）

シャーマーホーンら[45]は管理者にとって重要なコンピテンシーとして、専門的スキル、対人的スキル、概念的スキルの３つを明らかにしました。そして彼らは、これらを11の次元で把握した。

筆者は、これらの次元を以下のように自信強化の24項目に作り直した。各項目は、前記のように経営者や上位管理者が指導・育成するのではなく、管理者本人が自ら改善すべきものです。しかしある程度は、指導や教育・研修によって、改善することができるでしょう。

1. 多くの情報やデータの中から、あるパターンを見つけ出したり、その情報やデータを総合的にまとめ、解釈し、要領よく説明する
2. さまざまな問題をその性質に応じて識別し、分類する
3. たとえ多くのアイディアやコンセプトが提案されても、それらの関連性や特徴について明確に識別する
4. 目標達成に必要であれば、自分の考えや行動を弾力的に迅速に修正する
5. 問題解決に当たっては、いろいろな解決策（選択肢）の中から一番良い案を、さまざまな情報を論理的に分析して、選択する
6. たとえ問題解決の状況が非常に複雑だったり、あるいは難しくても、最良の解決策を作り上げる
7. 目標達成に向かって、部下たちを方向付け、そして強く努力させる。つまり強いリーダーシップを発揮する
8. 自分の考えを他人（上司あるいは同僚、部下）に手際よく説明し、相手を納得させる
9. たとえ知らない人にでも、良い印象を与えるようにする。とりわけ相手に対して、良い第一印象を与えることが非常に重要である
10. 他人から注目され、敬意を払われるようになる。このためには少なくとも、仕事ができる人間になることである

11. プレゼンテーションや交渉の場では、相手から信頼を勝ち取る
12. 目標達成のために、適切な行動指針を部下に明確に示す
13. 目標達成のために、必要な人材や資源（経費やモノ）を適切に割り当てる
14. 仕事ストレスに強い人間になる。つまりストレス耐性を強める
15. 自分の仕事の上での強みと弱み（長所と欠点）を客観的に判断する
16. 自分が今どんな知識やスキルをどの程度持っているのかをきちんと理解する
17. たとえ混乱していたり曖昧な状況でも、先が不確実で見通せないような状況でも、周囲の人たち（上司や部下たち）が納得するような仕事をする
18. 自分の考えを文章で正しく表現する
19. 仕事上必要な専門知識やスキル、技術を臨機応変に活用できるようになる
20. 他人（上司や同僚、部下）と協力し合い、仕事をうまくやっていく能力を高める
21. 自分の職場や会社が今置かれている状況を全体的に捉えることができるようにする
22. 自分の職場やある特定の人たちのためではなく、関係者全員（顧客も含む）の利益のために、問題を解決できるようにする
23. 部下たちと緊密なコミュニケーションを取り合い、強い相互信頼関係を作り上げる
24. 部下が困っていることがあれば、たとえそれが仕事に関わらないことでも、心から共感し、支援し、その解決のために尽力する

プロジェクト・マネジャーとして自信を持たせる、強める方法

企業は解決すべき問題を、プロジェクト・チームを通じて解決していこうとする場合、まずそのプロジェクトのリーダーがその問題の解決のために、ある一定の期限、予算内で、何をどのようにしなければならないのかについての大枠もしくは基本的な方針を事前に決めておく必要があります。それが決まると、次はそのプロジェクトを誰に任せたらよいかというプロジェクト・マネジャーの選抜の問題になります。

プロジェクト・マネジメントにおいては、プロジェクト・マネジャーが最も重要な役割を果たします。プロジェクトがどんなタイプのものであっても、どんな条件下にあっても、プロジェクト・マネジャーが必ず果たさなければならない４つの役割があります。それは次の４つです(21)。

・プロジェクトの立案、実行のための仕事（タスク）を具体的に企画し決定する
つまりプロジェクトの立案、実行に必要なタスクを確定あるいは考案し、それらの中で優先順位を決定し、仕事の負荷を予想し、スケジュールを立てる。

・特に優先順位を決定する際には、クリティカルな仕事を予想・確定し、あらかじめ潜在的な障害を判断し、それに対する解決策を立てておく

・プロジェクト・メンバーを慎重に選抜し、彼らに適正な責任と権限を与え、彼らの活動を調

整する。ただし、そのメンバーが事前に与えられている限りは、彼らの団結力の強化と活動の調整に専念する
・プロジェクト・メンバーたちをプロジェクトの達成・完了へと動機づける

この４つの役割をマネジャーひとりが責任を持ってやっていくというのは実際には非常に難しいことなのです。それだけに、マネジャー自身にその４つの役割を果たせるという自信がどの程度あるのかによって、すでにそのプロジェクトの成否を予想することができるでしょう。

タムズ(47)は、組織内部の職位レベルとは関係なく、専門職という仕事に共通の活動に関する自信の強さを調べ、その原因として7項目を抽出した。そしてこの7項目を測定するために本人の自己評価方式による測定スケールを開発した。サンプルはエンジニアリングやコンサルティング、投資銀行の多国籍企業の社員26名で、彼らを詳細にインタビュー調査した。彼はその後の２６７名の専門職従事者（製造、金融、コンサルティングの会社、公共サービス機関、非営利団体、などの）をサンプルとしたパイロット・スタディでは、その測定スケールの高い信頼性を確認した（α＝０・84）。

以下の項目は、筆者がタムズの開発した測定スケールを、プロジェクト・マネジャーの自信強化の方法として作り変えたものです。プロジェクト・マネジャーは以下の7項目について自

己評価をして、必要に応じて、自ら改善の努力をして下さい。

1. たとえどんなに難しい問題（プロジェクト完遂のための個々の計画の達成や、プロジェクトを成功裡に完了させるうえで発生する様々な問題）でも、締切期限までには解決する
2. どんな人（上司や同僚、部下、顧客）に対しても、自分の考えやアイディアを正確に伝え、納得してもらう
3. 問題を解決するためには、人（上司や同僚、顧客）から支持を取り付け、必要な権限や資源（人材や資金など）を獲得する
4. 会社や人（上司や同僚、部下、顧客）から期待されていることや目標は必ず解決・達成する
5. 解決しなければならない問題に対して、とりあえずその場しのぎのやり方で解決するのではなく、その問題の解決が他の問題を発生させないか、プロジェクトの進行全体にどのような影響を与えるのかについても考える。つまりシステム思考で問題解決に取り組む
6. 新しいアイディアを提案したり、必要に応じてこれまでの仕事のやり方を積極的に改善する。つまりリスクは避けたい、周囲とトラブルは起こしたくないなどの理由から、先例踏襲とか、ことなかれ主義を取るようなことは決してしない
7. どんな困難な問題でも、粘り強く交渉したり解決努力を重ね、必ず解決する

研究開発職として自信を持たせる、強める方法

ティールニィらは消費財メーカーのブルー・カラーとハイテク企業のホワイト・カラーの創造力の自信を測定するために、バンデューラやアマビールらを参考に3項目スケールを開発した。これは信頼性は高かったが、簡便すぎるし、そもそも研究開発者用に開発されたものではなかった(49)。

以下の項目は創造力の発揮が求められる研究開発職従事者にとっての基本です。そもそもビュール(5)がある大手石油会社の研究所の研究員78人(有機化学、化学工学、石油工学などの研究者、全員男性、年齢24~55歳)のなかで創造力の高い人間というのはどんな行動特徴を持っているのかを、直属上司へのインタビューを通じて調べて、最終的に創造力を測定するための59項目(8次元)の行動特徴を発見した。各項目の妥当性は相関係数の有意水準が0・05未満であった。

それらの内、有意水準0・001未満の項目に注目して、これらを筆者が自信強化の項目として活用した。計24項目です。これらは、研究開発職従事者が仕事に自信を持つように指導する経営者や上位管理者に求められる行動です。もちろん研究開発職従事者本人も自らこれらの改善の努力をすれば、さらに自信が強まるでしょう。

1. 現在担当しているプロジェクトや問題に関して、最新の知識や理論、技術、さらにはその発展動向を熟知させる
2. 仕事をする際には、いつも新しい、より良い方法を模索させる
3. 同僚たちにも、仕事を創造的にやっていくように刺激を与えさせる
4. 社内の他の職場に対して、自分の職場を代表して対応させる。そのためには、それができる権限を与えることが望ましい
5. できるだけ、難しい問題に取り組ませる。もちろん研究開発職従事者はそれに強いモティベーションを持っていなければならない
6. 自分が担当している分野で、今まで誰もできなかったような素晴らしい仕事をしたいという強いモティベーションを駆り立てる
7. 問題の解決に必要なら、たとえ費用がかさんでも最新の技術や設備、方式を駆使させる
8. 難しすぎて、今まで誰も手掛けなかった問題の解決にも、リスクを恐れずに積極的にチャレンジさせる
9. 自分が関心を持った専門領域に関する学会や研究会、会合などに積極的に参加させる
10. 自分の専門領域では、社内で指導的な立場に立たせる
11. いろいろな断片的な情報をまとめ上げて、１つの有意義かつ妥当な結論を導かせる
12. 問題の性質に応じて、臨機応変に、まったく新しいアプローチを提案したり活用すること

を奨励する

13. 研究をする際は、やみくもに場当たり的にとりあえずやらせるのではなく、先ず慎重に仮説を設定させてから研究を開始させる

14. ある特定の研究をする際は、その研究だけに必要な知識や理論、技術を徹底的に調べさせる

15. 問題を解決しようとする際は、過去の研究が何か参考になるか、またそれから何か解決の糸口が得られないかといった具合に、レビューをしっかりさせる

16. 外部（社内外）から得た改善策は、そのまま使用するのではなく、必ず自分の工夫を加えさせる

17. 当面は上司の指示に反対せずに素直に従うが、決して自分の信念は曲げてはならないと指導する

18. どんな問題であっても、自分なりのユニークなアプローチをとるように指導する

19. どんな問題でも取り掛かったら、熱中させ、最後まで、あるいは区切りのいいところまで、自由にやらせる

20. 問題の背後に些細な疑問でも抱けば、それに固執させ、納得のいくまで調べさせる

21. 自分が担当している仕事が、会社や職場にとってどんな意味を持っているのかについて十分理解させる

22. 仕事のやり方や考え方が総じて古いと、周囲の人たちに思われないようにする

23. 仕事に没頭させる。つまり仕事が終わった時でも、その途中でも、周囲の状況やその変化に気付かなかったという取り組みをさせる。そのためには研究者本人の性格もあるだろうが、そうできるような環境や社内体制を整える必要がある

24. 問題が発生したら、その原因を徹底的に分析・検討させ、解決させる。とりあえず試行錯誤的に問題を解決するということは決してさせない

セールスパーソンとしての自信を強める方法

・セールスパーソンとしての自信を強める方法

本当に優秀なセールスパーソンは次のような特徴を持っているでしょう（23、とくに林、2015年）。性格面では、誠実で責任感が強く、社交的、しかも相手の気持ちの微妙な変化も感じ取れる。能力面では、販売するという仕事に自信が強く、顧客との間に信頼関係を形成し維持する能力が高く、ストレス耐性が強い。モティベーション面では、販売意欲と達成動機が強い。このうち最も重要なものは販売するという仕事に関する自信でしょう。この販売の自信を強めるには、販売に関する知識とスキル、対人関係能力、セルフコントロール力、そしてとりわけ仕事をやり遂げることができるという自信を強めることが不可欠でしょう。

以下の21項目は、セールスパーソンが自分の仕事に自信を持つように、会社側や上位管理者が心がけ実行しなければならない行動です。もちろんセールスパーソン本人も自らこれらの改善の努力をすれば、さらに自信が強まるでしょう。以下の項目における「商品」という語はサービスも含みます。

1．自分が販売している商品（知識・情報、技術も含む）は、同業他社のそれよりも優れている（価格、品質、デザイン、機能性、などのいずれかで）と確信させる
2．自分が販売している商品の長所と短所を正しく理解し、それを販売に生かす
3．商品の販売に必要な知識（競争他社の商品の長所・短所や、市場のニーズの変化、技術革新の動向なども含む）や方法（売り方）を十分身につけさせる。しかもそれを豊かにするように指導・支援する
4．自分が販売している商品の新たな魅力（費用対効果や品質、新たな用途、他社製品にはないもの）を考えだし、顧客に提案する。

この新たな魅力は、会社側から与えられた商品説明書によるものではない。だから、このためには、マーケティング・ミックスの見地から徹底した熟慮・検討が必要です

5．仕事をやり遂げるのに必要な気力と体力を作り上げる
6．顧客に対して適切かつ納得してもらえるプレゼンテーションができるように、そのやり方

（論理的思考力も含む）、そして相手の感情・気持ちを判断できるように指導・支援する

7. 仕事で犯したミスは速やかに改めさせる

8. 強い交渉力を身につけさせる。

（これには前述のワークショップ方式で訓練することが有効でしょう。また後述の「**セールスパーソンに交渉力の自信を強める方法**」も参考にして下さい）

9. 顧客が自社の商品に求める本当の動機・ニーズを直ちに見抜いたり、理解できるように指導する

10. 顧客に接する際に絶対してはならないことを、よく理解させ、それをきちんと守らせる

11. 顧客に不快感を与えたり、苦情を頂くことがないような接客方法を、同僚や部下に提案させたり、教えるように指導する

12. 会社の規則や方針をきちんと守って、営業活動をするように、本人の自覚を促すと同時に、それができるような体制を会社側も整える

13. 職場の同僚たち（上司も含む）との間に、仕事を離れても楽しい、有意義な人間関係を作らせる

14. 職場の同僚が仕事で困っていることがあれば、積極的に手を差し伸べさせる

15. とりわけ職場の上司との間に、強い信頼関係と緊密なコミュニケーション関係を作り上げるように支援する

16. 仕事は時間通りに終わらせる
17. 仕事の開始時間はきちんと守らせる
18. 自分に課せられた、あるいは自分が決めた売り上げ目標は可能な限り達成させる。ただし法的、倫理的な制約を逸脱してはならないことを厳命する
19. 自分の仕事に、会社や上司が何をどのくらい求めているのかを正しく理解させる
20. 自分が販売している商品に、顧客がどんな不満をどのくらい持っているのかを正しく理解させる
21. 自分が販売している商品と同じ、あるいは類似商品に対して、顧客がどんな不満をどのくらい持っているのかを正しく理解させる

・セールスパーソンに交渉力の自信を強める方法

交渉には分配的交渉と統合的交渉の2タイプありますが（20）、ここでは、この両者に対応できる人を対象にしています。交渉者には、短気、傲慢、相手の気持ちや場の空気が読めない、自己中心的な性格な人は不向きで、さらには交渉する問題やそれに対する自分サイドと相手サイドの考え方や事情などに精通していることなどが求められます。

しかし交渉過程で重要なのは説得力です。一方的に相手を説得するのではなく、相手が納得してその説得に進んで応じるように、説得するのが望ましい。そのような説得力のある人には、

少なくとも次のような特徴があります[31]。これらはあくまでも説得される側が感じたり判断するものです。これが説得を成功させる大前提です。

・強い権威や立場ではなく、人間的な魅力あるいはまた専門家としての高い能力を持っている

・信頼できる

　嘘がなく誠実さを感じる、交渉課題の解決策のメリット・デメリットを可能な限り客観的に提示している、主張に一貫性がある・矛盾がない、自分の主張に確固たる自信を持っている。

・自分（たち）の利益も考えてくれている

　つまり説得者側の利益だけを考えたり、最優先しているのではない。

・自分（たち）と類似性を持っている

　つまり会社内での立場や職種が似通っている、社内や仕事で、あるいはまた家庭で抱えている問題などが類似している。

　以下のスケールは、チョーダリー[9]の研究成果を、日本企業に合うように、筆者が作り替えました。ちなみにチョーダリーらは、交渉活動の自信を測定する20項目スケールを開発しました。それをビジネスコースの学生２４８名（実験サンプル１１２名、ホールドアウト・サンプル１３６名）に用いた。スケールの信頼性はそれぞれα＝０・92であった。

以下の22項目について、セールスパーソンは自ら改善の努力をして下さい。もちろん、会社側が教育研修を通じて、また人的資源管理政策や方式の改善によって、以下の項目を支援することができれば、より望ましい。

1. 他人と交渉することに、積極的になるように心掛ける
2. 交渉相手に自分の方の提案や条件を受け入れてもらえるように、色々と工夫し、交渉を成功させる。この場合、決して自分サイドの利益だけを追求しない
3. 交渉相手の考えが自分と違う場合でも、相手を説得し、納得してもらうまで交渉を続ける
4. どんな交渉の場でも、自分が求めないオファーであれば、相手の気持ちを傷つけない形で拒絶する
5. 交渉相手が非常に頑固であったり、交渉自体がそもそも非常に難しい場合は、相手の考えや立場、気持ちを大切にしながらも、自分の主張との折り合いがつくように、交渉を続ける
6. 交渉相手に、すぐに付け込まれないように、論理的に主張する。交渉過程では感情的になってはならない
7. 交渉相手の弱みと強みを冷静に判断し、自分に有利な立場（状況）を作って、交渉に臨む
8. 交渉相手にさまざまな圧力をかけて、最終的に自分の方の条件に歩み寄らせる
9. 優秀なネゴシエーターに必要なスキル（交渉術）を身につける

10. タフ・ネゴシエーターに求められる、性格、能力（集中力、慎重さ、共感力、暖かさ・思いやり）や相手に対する観察力、判断力、そして体力を身につける
11. 自分は優れたネゴシエーターだと思い込む、信じる
（そうすれば、そうなるように人は努力するものなのです）
12. 交渉相手に圧力をかけることが、法的、倫理的に許される限りは、躊躇しない
13. 交渉が失敗した場合、その原因を徹底的に分析し、その改善策を学習する
14. 交渉が求められるような場合、その交渉を成功させる条件を、事前に検討しておく
15. 交渉の際は、相手の言葉や態度に惑わされずに、相手の真意を見極める
16. 交渉に臨む際には、すでに自分が主導権を握っている状況を作り出す
17. 解決しようとする問題の性質にもよるが、交渉には基本的に長期戦で臨む
18. 自分の方の条件が達成できるまでは、どんなことがあっても交渉をし続ける
19. 交渉が自分にとって有利に進むように、交渉の場（相互信頼関係がある状態、自分サイドの交渉者や自社のポジティブな評判、相手の会社のネガティブな社会的な評価、など）をあらかじめ作っておく
20. 自分の方の本音や最低受け入れ可能な条件はうまく隠しておき、相手にもメリットはあるが、自分の方に実質的に大きなメリットがあるようなオファーを相手に提案する
21. 交渉に入る前に、相手と良好な人間関係、出来れば強い相互信頼関係が出来上がっている

のが望ましい。少なくとも嫌悪し合ったり、相手を軽視したり馬鹿にしたり、相手から不信や不安感を持たれないようにしなければならない

22．もし相互信頼関係がない相手と交渉する場合は、その交渉過程で信頼関係を作っていくようにする

人材開発・育成職としての自信を持たせる、強める方法

人材の開発・育成を成功させる鍵は、育成する側の優れた教育力やプログラムではなく、育成される側の学習目標、学習意欲、そして学習能力にあります（19）。その学習目標、学習意欲、学習能力を高める要《かなめ》は、育成する側とされる側の間の認知と信頼関係です。育成しようとする側とされる側の間で、お互いに相手を認め合い、そして信頼し合うことがなければ、人材育成そのものが成り立ちません。たとえどんなに優れた教育プログラムであっても、どんなに優れたインストラクターが指導しても、また育成される側がどんなに優れた潜在能力を持っていても、互いに認め合い、強い信頼関係がなければ、高い教育効果は望めません。最悪の場合は、教育自体が成り立たなくなります。教育の場に強い相互信頼関係が成り立っているとすれば、次に重要なのは教える側の教育の自信と、教えられる側の学習の自信です。

ストロビッチらは、これからの新しいタイプの人材開発・育成の専門家の育成に関する総合的なコンピテンシー・モデルを開発しました（41）。このモデルは10の役割（監視者、ビジョン

の構築者、ギャップの評価者、人材開発・育成の促進者、など）を育成する大規模なもので、しかも各役割をそれぞれ4つの次元（組織内部の仕事環境、仕事プロセス、対従業員関係、組織外部の環境）で果たさなければならないものです。
このモデルは大規模なものだけに、ここでは人材開発・育成の仕事そのものと、対従業員に関するコア・コンピテンシーだけを取り上げ、筆者がそれを自信強化の項目に作り変えました。

以下の11項目について、人材開発・育成の専門家は自ら改善の努力をして下さい。もちろん、会社側が教育研修を通じて、また人的資源管理政策の改善によって、以下の項目を支援することができれば、より望ましい。

1. 人的資源管理部門の内部の仕事のフロー、および他のセクションとの間の業務の繋がり、そのやり方を正確に把握する
2. 人的資源管理部門の内部の仕事のフロー、および他のセクションとの間の業務の繋がり、そのやり方に関して、何か問題や障害があれば、それを正確に発見し抽出し、改善する
3. 生産性向上のために、人的資源管理の見地から、現状を打破するような斬新な方法を模索し作り上げる。それは人的資源管理部門に限らず、他のセクション、さらには経営層も対象とする

4. 現在の業務で行われていることの結果と、それが将来どのような結果を生むと予想されるかを検討し、両者を比較する。そしてその結果、必要があれば、業務の内容や手続きを改善する。これは人的資源管理部門に限らず、他のセクション、さらには経営層も対象とする

5. 現在の業務で行われていることによって予想される成果と、その業務に将来期待される成果との間のギャップを評価し判断し、問題があれば、業務の見直しをする。これは人的資源管理部門に限らず、他のセクション、さらには経営層も対象とする

6. 他のセクションで行われている当面の業務のやり方やプロセスと調和するように、従業員の働き方を改善し、業績向上のためのアクション・プランを作成し、そして人的資源管理部門の他のプラン（給与管理、昇進管理、配置転換管理、福利厚生管理、など）との調整を図る

7. その作成されたアクション・プランを適正に実行する、かつその実行の際には人的資源管理部門および他のセクションとの調整も図る

8. 新しい働き方や業務プロセス、そしてその成果に適正に調和する人材評価システムを作成し、実施し、その結果を必要なところ（通常は各セクションの管理者）にフィードバックする

9. 人材の業績向上戦略の立案・実行のために、人的資源管理部門は適切な権限を獲得する

10. 人材の業績向上戦略の立案・実行に、人的資源管理部門のみならず、全社的な取り組みを

実現するシステムを構築し、全社一丸となって取り組む

11．人材の業績向上戦略の立案・実行によって起こるさまざまな結果を予測し、その結果如何によっては戦略そのものの再設計を行う

SEやITエンジニアとしての自信を強める方法

本当に優秀なSEは次のような特徴を持っているでしょう(22)。価値観や性格では、職業意識が高く責任感と自律心が強く、ストレス耐性も高く粘り強い。とくにSEとしての自信が強い。能力については、上司や同僚・部下さらには顧客とのコミュニケーション能力が高く、判断力や決断力、交渉力、相手からの好意獲得能力、相互信頼関係の構築力も高い。さらに理解力や適応力、ものごとを全体的・多面的に捉える力、自己認識力、技術力、プレゼンテーション力も高い。そしてモティベーションに関しては、仕事意欲と学習意欲が高い。このような特徴のうち、とりわけ重要な、SEとしての自信に焦点を当てます。

ジョシ&クーン(28)は、SEのキャリア選択のモデルを開発するために、米国のある公立大学のIS（information system）入門コースを受講している学部生1、2年生、計508名から2000年初めにデータ収集をして、そして彼らの卒業時の職業選択を調べた。その際に彼らはISキャリア選択の自信の源泉も調べた。これはソフトウェア／プログラミング、コンピュータ操作、ソフトスキルに関する自信を測定するための計8項目からなる測定スケールで

す。この3つの測定スケールの信頼性係数αはそれぞれ0・71、0・81、0・71であった。これを筆者は、ＳＥなどの職業従事者の仕事の自信を形成する源泉として活用します。

以下の8項目について、そうなるように、ＳＥやＩＴエンジニアは自ら改善の努力をして下さい。もちろん、会社側が教育研修を通じて、また人的資源管理政策の改善によって、以下の項目を支援することができれば、より望ましい。

1．ＩＴに関わる仕事で、さまざまな問題を分析したり解決することが好きだし、非常に面白い

2．ＩＴに関わる仕事で、いろいろな人たちと、たとえ部署が違って知らない人でも十分にコミュニケーションを取れる

3．チームワークで能率よく働いたり、またチームワークを調整したり、管理することができる

4．自分の思い通りにコンピュータを駆使することができる

5．コンピュータを駆使しなければならない仕事が大好きで、それができない人や不得手な人を積極的に支援している

6．コンピュータを駆使しなければならないタスクや任務は、自分が納得できる程度には、い

つも上手くやり遂げている
7．私は努力すれば、問題解決のためのさまざまなソフトウェア・パッケージを十分に使えるようになれる
8．私は、プログラミング言語やＩＴ技術の学習能力が周囲の人たちよりも優れている

就職・転職・独立の自信を強める方法

以下の項目すべてを強めるよりも、その人に特に欠けている、あるいはまた強めたいと判断した項目を重点的に強めることが望ましい。

・職探しの自信を強める方法

職探しや再就職を成功させるには、先ずは希望する会社によって求められる能力や職歴、適性などを正しく理解することが必要です。しかし自分のそれらを会社側に適切に伝えることができなくてはなりません。それにはさまざまな準備が求められます。

それをヴィノカーらは6項目からなる測定スケールにまとめています（8）。しかもこの6項目スケールの信頼性は高かった（米国西部で実施した再就職支援のワークショップに参加した失業者1，202人では、ワークショップ開始前α＝0・90、終了後0・87）。

筆者はこれを、職探しの自信を強める項目に作り変えました。各項目は、職探しをしている

人が各人心掛けて下さい。

1. 希望する会社の求人情報の文言の真意を読み取る
2. 希望する会社の研究を徹底的にする
3. 希望する会社が求める適切な志願書類を作成する
4. 自分のスキルをリストにし、簡潔に文書化する
5. 自分の採用が会社にとって極めて有意義だということを、面接試験で会社側を説得する
6. 面接試験で、面接官に好印象を与える

・就職の自信（職業獲得力の自信）を強める方法（1）

ガダッシら（16）はイスラエルの求職中の若者３８３人（18～30歳、平均年齢22・８歳、男１８１人）をサンプルに、キャリア適応力の測定では著名なＣＤＭＰ（Career Decision-Making Profiles Questionnaire：ガティらが２０１０年に開発）を用いて、職業決定の規定要因は何かを、とりわけ情緒的要因やパーソナリティ要因などに関して調べた。その結果、就職決定の主要な要因は、広範囲な情報収集、分析的な情報処理、探索努力、判断と対応の迅速さ、最終判断のスピード、自立心（他人への依頼心の弱さ）、環境支配性向（ＬＯＣ：ロッターが自己および自己を取り巻く諸環境に対する自己の影響力に関する信念を調べるために29項目からなる測定

スケールを開発した。たとえば、社会的な出来事（昇進や高業績の達成、相手から好意を持たれる、など）が自分の力や行動によるものではなく、他人や運、チャンス、宿命のようなものによって決まると思う人はエクスターナル・コントロールの信念が強いという[20]の7つが強い決定要因であることが分かった。しかも興味深いことに、理想的な職業に就きたいという願望や積極的な妥協は決定要因ではなかった。ちなみに彼らによれば、ＣＤＭＰの11次元測定のための36項目に関しては信頼性も妥当性も高かった。

この研究結果に基づいて、筆者が職業獲得力の自信を測定する以下のような12項目からなるスケールを開発した。各項目は、職探しをしている人が各人心掛けて下さい。とりわけ初めて就職活動をする人や、新たな職業に転職を考えている人には、最適でしょう。しかも、職業を職種や業務に置き換えれば、同じ職種で転職を考えている人や、社内で異動を考えている人にも役に立つでしょう。

1. 職業を決める際には、希望する職種を初めとしてさまざまな情報を徹底的に集める
2. 職業を決める際には、集めた情報はきちんと分類し、その分類した性質（タイプ、内容）に応じて情報を検討する
3. 職業を決める際には、将来の職業生活は自分で決めることができると信じる

4．自分の職業は自らの判断で決めることができると信じる
5．職業決定のプロセスでは、納得のいくまで、時間と努力を使う
6．職業を決める際には、就職活動の開始はできるだけ早くし、そのプロセスは適切に迅速に推し進める
7．必要な情報を集め、それを分析したら、自分が選ぶべき職業に関して、迷わず迅速に決断を下す。決して優柔不断であってはならない
8．職業決定のプロセスでは、他人（家族や友人、信頼している第三者）に相談したり意見を聞くことがあるが、決してそれに振り回されない
9．自分の職業は、他人のためでなく、また他人に決めてもらうものでは決してなく、あくまでも自分のためであり、自己責任で決めるべきものだと信じる
10．職業を決める際に、自分にとって大切な人（家族やパートナー、信頼している人）の期待を裏切らないようにするのではなく、彼らを可能な限り説得し、自分の考えを通す
11．職業を決める際には、とにかく自分が就きたい職業、理想としている職業に就こうと努力する
12．自分がいったん決めた職業や職場でも、今の自分ではそれをやる（従事する）のが難しいと分かったら、柔軟に職業を変更し、また新たに職探しや職場探しをする

・職業獲得力（就職力）の自信を強める方法（２）

ロスウェルら[42]は、大学生の職業獲得力（employability）を予言しようと、英国の３大学の学生３４４人（95・７％が24歳以下）をサンプルに、16項目からなるスケールを開発した。このスケールの信頼性はα＝０・75であった。

これを、筆者が転職を考えている社会人の職業獲得力の自信を強めるための12項目に作り変えた。各項目は、職探しをしている人が各人心掛けて下さい。

1. 就職したい業界や地域の求人動向を正確に把握している
2. 希望している会社がどういう人材を求めているのかを正確に把握している
3. 希望している会社が人材を中途採用する場合、どのレベルの会社から人材を求めているのかを正確に把握している
4. 私がやりたい職種（専門領域）で希望している会社が、業界で、また社会的にどういう評価や評判を持っているのかをよく理解している
5. 私の職種が社会的に（多くの社会人に）、どのように評価されているのかをよく理解している
6. 私がやりたい仕事で、あるいは転職を考えている職種で、知識やスキル、経験レベルに関

して、自分がどのくらいの力を持っているのかをよく理解している

7. 私が希望している職種や会社への転職希望者たちが、知識やスキル、経験レベルで、大体どの程度の力を持っているのかはよく把握している
8. 自分の強みと弱みがよく分かっている
9. 私が持っている知識やスキル、経験レベルが、希望する会社が求めているそれとどのくらいマッチしているのかを客観的に評価・判断できる
10. 希望している職種で、就職先を見つけるのに、自分にどのくらいのチャンスがあるかを冷静に評価・判断できる
11. 就職試験（筆記試験と面接試験）の準備をきちんとすることができる
12. 希望する職種や会社に転職するうえで、私の経歴（転職希望者の場合、今の仕事やその実績、勤務している会社、など）がどの程度有利か不利かを、冷静に評価・判断できる

・転職後、新しい職場でうまくやれるという自信を強める方法

転職先探しに成功したとしても、転職後、実際にそこで充実した仕事生活を送れるかどうか分からない。転職後に、楽しく生き生きと働く自信が持てるかどうかが重要です。しかしそのためには、転職後の職場での仕事内容や人間関係も大事ですが、じつは転職に臨む姿勢や事前の努力（自己の意識や考え方、行動特徴の変革、そして必要な知識やスキルの強化・獲得）、

実際の積極的な就職活動が非常に重要なのです。

マーティン＆レカン（32）は、転職を成功させる要因は何か、転職者が転職後に仕事をうまくやっていけるように、転職の前と後で彼らが何をどのように感じ、何を実行していけばよいのかを明らかにするために、ＯＰＱ（Occupational Personality Questionnaire）などを用いて、米国北東部の大都市のさまざまな組織から解雇された53人の上級管理職（ＣＥＯ、社長、副社長、役員、ＧＭ：男37人）を調べた。解雇理由はＭ＆Ａによる役職者の重複、事業部などの閉鎖・移転、雇用者側との不和、などであった。

調べた結果によれば、感じの良さ（明朗で愉快）、誠実さ、何事にも積極的に取り組む（openness to experience）の３つのパーソナリティ特徴が転職を成功させる要因であった。ちなみに使用したＯＰＱスケールの信頼性そのものについては、過去の研究からすでに十分に認められているとして、彼らは測定していない。ただし転職後の３変数（業績、満足、昇進）の測定スケールの内部一貫性信頼性係数は０・79～０・91の範囲にあり、転職前の４変数（人間的成長、楽観主義、など）の測定スケールのそれは０・70～０・83の範囲内であった。

この研究結果に基づいて、彼らが使用した測定スケールを、筆者が管理職や一般社員用に、転職後の自信を強める方法に作り変えた。各項目に、転職後の仕事に不安を感じている人は各人真剣に取り組んで下さい。

転職前

1. 自分を変える（欠点を改善し、強みをさらに強める）ように必死に努力する
2. 人間的な成長を図るために、他人からの助言や提案を積極的に受け入れる
3. ストレスや緊張をうまく解消しようと努力する
4. 今の、あるいは以前の雇用者にたんに憤慨ばかりするのではなく、自分のいたらなさや問題点についてもじっくり考え、直すべきところは改善する
5. 今の、あるいは以前の職場の良い面、悪い面を客観的に冷静に判断する
6. 心身の健康と幸せを高めるために働かなければならないという気持ちを強く持つ
7. 新しい職場で求められるであろう知識やスキルを身につけるように努力する
8. 「自分は、家族や職場では必要な人間なのだ」という自己価値感を強く持つ
9. 自分は「やれば、できる」という自信を強く持つ
10. 今の、あるいは以前の会社に解雇された、やめざるを得なかったことから、精神的に立ち直る。たとえば精神的に苦痛であったことをポジティブに解釈し直す
11. たとえ失業中であっても、転職活動や家庭生活に前向きに積極的に取り組む
12. 転職活動や転職プログラム（今の会社主催の転職研修やセミナーも含む）参加の初めに、出来るだけ明確な目標（会社選択の基準、新しい職場での自分のライフ・スタイル）を立てる

13. 転職までのプロセス（情報収集・分析から就職試験までの）に適切に対応できるように努める
14. 新しい職場の獲得のために、新しい雇用先からの指示や依頼に対して迅速で積極的な対応をする

転職後

15. 新しい職場での仕事に、やりがいを見出す
16. 新しい仕事や職場に早くなじめる（適応する）ように努力する
17. 新しい会社で、将来のキャリアの発展や昇進・昇格に意欲を持つ
18. 新しい職場で、より大きな責任のある仕事が任されるように、現在与えられた仕事に打ち込む
19. 新しい職場で成果を上げる（高い業績を上げる）ように一生懸命努力する
20. 新しい会社の理念や方針、事業内容や範囲、仕組みなどについて熟知する

結び

本書はまず、自信が何によって形成され、そしてそれがどのような効果を発揮するのか（意義があるのか）について明らかにしました。そして自信を一般的な自信と、特定の活動や職種に求められる自信（特定的自信）に分けて、今現在どのくらいの自信があるのかを測定する方法、さらに自信を強める方法を明らかにしました。

この２つの自信の間には相互作用の関係があります。通常、どちらか一方を強めれば、他も強くなっていきます。一般的な自信を強めるのは理論的にも経験的にもなかなか難しいものです。それよりも特定的な自信を強める方がより容易です。つまり、仕事の自信を強めて、一般的な自信を強めていくという方法です。

しかし仕事（職務）の自信があるといっても、その職務自体さまざまなタスクから構成されています。たとえば家電製品の店舗での販売という職務は、商品の製造場所や工程、機能や使い勝手、デザインの良さ、価格の適正さ、故障したり壊れたりした際の修理や対応の仕方、代金の支払い方法などについての知識、さらにその商品固有の販売の仕方、客の反応を読み取り直ちに反応できる能力、などさまざまなタスクに関する知識やスキルが求められます。高い売り上げを出すためには、販売員はこれらすべてのタスクにある一定以上の自信が求められるでしょう。しかし実際は、あるタスクには強い自信があるが、他のタスクには自信がないといった販売員が多いのではないでしょうか。そうであれば、その弱い自信を強めることが必要でしょう。このように家電製品の販売という職務だけでもさまざまなタスクに関する自信が必要です。

我々の周りには非常に多くの商品が溢れています。それらさまざまな商品の販売に関するタスクの自信だけでなく、職務自体さまざまなものがあります。調達・購買、生産・製造、企画、研究開発、経理・財務、などあり、しかもそれらは生産・製造対象（大別するとハード製品かソフト製品か）によって、また内容が異なります。

つまり自信を強める職種や職務、タスクは無数にあるといっても過言ではないでしょう。しかもその職種や職務、タスクに必要な知識やスキルは技術の進歩やニーズの多様化・高度化によって変わっていきます。しばしば内容が難しくなっていきます。そうすると、タスクの自信を形成し維持していくことも難しくなっていきます。

実際、仕事の自信を強めると言っても、そう容易なことではありません。しかしある職種や職務、タスクに関して会社が求める知識やスキルで、ある一定の水準とか、自分が自発的に設定した水準が明確であれば、それをクリアできれば、その特定的自信を持つことができます。この意味では、特定的自信を強めることはそう難しいことではないでしょう。

しかし、それに比べれば、人間関係の改善やモティベーションの向上、仕事上の不安の解消など、働く人すべてに共通の心理現象に関して自信を強めることはもっと困難でしょう。人間は身体的にも精神面でも非常に複雑な生き物です。まして、生きていく世界（環境）からさまざまな影響を受けながら成長していきます。だから精神面とくに人格面では、商品のように最良のものという基準が明確に設定できません。その基準は生きている世界とりわけ文化の違いによっても大きく異なり、また世界の変化によっても変わっていきます。それだけに、心理学や社会学などの人間の心理や行動に関わる研究の発達に基づき、働く人間の認知や、知識やスキルの獲得、発揮についての自信をどのようにして作り上げ、そしてそれを状況・場所に応じてどのようにして発揮させるかは難しい問題であり、これからも未知の研究領域でしょう。

引用・参考文献

1. 東洋ほか編、昭和53（１９７８）年『**心理用語の基礎知識**』有斐閣。

2. Bandura,A.,1986,**Social Foundations of Thought and Action:A Social Cognitive Theory**,Prentice Hall.

3. Bandura,A.(ed.),1995,**Self-Efficacy in Changing Societies**,Cambridge University Press.（本明寛・野口京子監訳、１９９７年『**激動社会の中の自己効力**』金子書房）。

4. Bandura,A.,1997,**Self-Efficacy:The Exercise of Control**,W.H.Freeman and Co.

5. Buel,W.D.,1960,The Validity of Behavioral Rating Scale Items for the Assessment of Individual Creativity,-**Journal of Applied Psychology**,44,6,407-412.

6. Chelariu,C.& R.Stump,2011,A Study of Work-Family Conflict,Family-Work Conflict and the Contingent Effect of Self-Efficacy of Retail Salespeople in a Transitional Economy,**European Journal of Marketing**,45,11/12,1660-1679.

7. Chen,G.,Gully,S.M.&D.Eden,2004,General Self-Efficacy and Self-Esteem:Toward Theoretical and Empirical Distinction Between Correlated Self-Evaluations,**Journal of Organizational Behavior**,25,375-395.

8. Choi,J.N.,Price,R.H.&A.D.Vinokur,2003,Self-efficacy Change in Groups:Effects of Diversity,Leadership,and Group Climate,**Journal of Organizational Behavior**,24,4,357-372.

9. Chowdhury,J.,1993,The Motivational Impact of Sales Quotas on Effort,**Journal of Marketing Re-**

search,30,1,28-41.

10. Cleveland,J.N.&F.L.Landy,1981,The Influence of Rater and Ratee Age on Two Performance Judgements,**Personnel Psychology**,34,19-29.

11. Colin,C.et al.,2012,**The Psychology Book**, Dorling Kindersley Limited.（小須田健訳、２０１３年『**心理学大図鑑**』三省堂）。

12. Eden,D.&A.Aviram,1993,Self-Efficacy Training to Speed Reemployment:Helping People to Help Themselves, **Journal of Applied Psychology**,78,3,352-360.

13. Eden,D.&J.Kinnar,1991,Modeling Galatea:Boosting Self-Efficacy to Increase Volunteering,**Journal of Applied Psychology**,76,6,770-780.

14. Erikson,E.H.,1959,**Identity and The Life Cycle**,International Universities Press,Inc.（小此木啓吾訳編、１９８２年『**自我同一性**』誠信書房）

15. Florin,J.,R.Karri&N.Rossiter,2007,Fostering Entrepreneurial Drive in Business Education:An Attitudinal Approach,**Journal of Management Education**,31,1,17-42.

16. Gadassi,R.,Gati,I.&A.Dayan,2012,The Adaptability of Career Decision-Making Profiles,**Journal of Counseling Psychology**,59,4,612-622.

17. 林伸二、２０２０年『**自立力－思春期・青年期の問題と、その解決策－**』風詠社。

18. 林伸二、２０１４年『**人と組織を変える自己効力**』同文舘出版。

19．林伸二、２００５年『**人材育成原理**』白桃書房。
20．林伸二、２０００年『**組織心理学**』白桃書房。
21．林伸二、１９９７年『**組織が活力を取りもどす－プロジェクトの立案から監査まで**』同友館。
22．林伸二、２０１５年「若者の適職発見の支援－迷職状態からの脱却－」（未発表）、林伸二、２０１８年「あなたは希望の会社に就職できますか－エンプロイヤビリティ理論に基づく－」（未発表）、林伸二、２０１８年「あなたは本当に働く意志がありますか－職業エンゲージメント理論に基づく－」（未発表）、林伸二、２０１８年「あなたは本当にＩＴエンジニア・プログラマーに向いていますか－職業決定自己効力理論に基づく－」（未発表）、林伸二、２０１８年「あなたの会社選びは間違ってませんか－職業決定論に基づく－」（未発表）。
23．林伸二、２０１４年「高ストレス状況下でもモティベーションを維持・向上させる方法」（未発表）、林伸二、２０１５年「高業績実現のためのストレス・マネジメント・プロセス－ストレス・マネジメントの支援プログラム－」（未発表）、林伸二、２０１７年『ストレスに強い人間になる方法』（未発表）
24．林伸二、２０１０年「幸せとは何か－定義と測定－」**青山経営論集**、45巻3号、14－29頁、林伸二、２０１１年「幸せ（幸福感）の知覚メカニズム－ＳＨＥモデルの提案－」**青山経営論集**、46巻1号、２－28頁、林伸二、２０１１年「若い看護師は幸せなのだろうか－看護師vs.ＯＬ」**青山経営論集**、46巻3号、２２８－２６２頁、林伸二、２０１５年「若い社会人の仕事生活の幸せ度の測

定スケール」（未発表）

25. 林伸二、１９９５年「創造力の測定－個人史アプローチ－」**青山経営論集**、30巻1号、26－50頁、林伸二、２０１０年「営業パーソンの創造力の測定スケール」（未発表）、林伸二、２０００年「研究開発技術者の創造力の測定スケール」（未発表）

26. 林伸二、２００４年「真に優れた経営者の条件」（未発表）

27. 林伸二、２００５年『**人材育成原理**』白桃書房。

28. Joshi,J.D.&K.Kuhn,2011,What Determines Interest in an IS Career? An Application of the Theory of Reasoned Action,**Communications of the Association for Information Systems**,29,8,133-158.

29. Judge,T.A.&J.E.Bono,2001,Relationship of Core Self-Evaluation Trait-Self-Esteem,Generalized Self-Efficacy,Locus of Control,and Emotional Stability-With Job Satisfaction and Job Performance:A Meta-Analysis,**Journal of Applied Psychology**,86,1,80-92.

30. Kagaari,J.P.K.,2007,Evaluation of the Effects of Vocational Choice and Practical Training on Studens' Employability,**Journal of European Industrial Training**,31,6,449-471.

31. Lawless,D.J.,1979,**Organizational Behavior,2nd ed.**,Prentice-Hall.

32. Martin,H.J.&D.F.Lekan,2008,Individual Differences in Outplacement Success,**Career Development International**,13,5,425-439.

33. Mathieu,J.E.et al.,1993,Individual and Situational Influences on the Development of Self-Efficacy:Implica-

tions for Training Effectiveness,**Personnel Psychology**,46,125-147.

34. McAuliffe,G.et al.,2006,Targeting Low Career Confidence Using the Career Planning Confidence Scale, **Journal of Employment Counseling**,43,3,117-133.

35. MosleyⅡ,D.C.,Boyar,S.L.,Carson,C.M.&A.W.Pearson,A Production Self-Efficacy Scale:An Exploratory Study,**Journal of Managerial Issues**,20,2,272-285.

36. 名言ＤＢ：ビジネスで使える名言集　　　　　　　　　　, kenplanning.sakura.ne.jp, matome.naver.jp/odai/2137593692357634801, meigen,ijin.com/hondasoichiro,i-yashitour. meigen/greatman/honda_soichiro, mayonez.jp/topic/1003068

37. O’Neil,B.S.&M.A.Mone,1998,Investigating Equity Sensitivity as a Moderator of Relations Between Self-Efficacy and Workplace Attitudes, **Journal of Applied Psychology**,83,5,805-816.

38. Perkins,J.M.,Multhaup,K.,Perkins,H.W.&C.Barton,2008,Self-Efficacy and Participation in Physical and Social Activity Among Older Adults in Spain and the United States,**the Gerontologist**,48,1,51-58.

39. Pierce,J.L.&J.W.Newstrom,1995,**Leaders & The Leadership Process**,R.D.Irwin.

40. Rees,T.&P.Freeman,Social Support Moderates the Relationship between Stressors and Tash Performance through Self-Efficacy,**Journal of Social and Clinical Psychology**,28,2,244-263.

41. Rothwell,W.J.,1996,**Beyond Training and Development**,AMACOM.

42. Rothwell,A.,Herbert,I.&F.Rothwell,2008,Self-perceived Employability:Construction and Initial Validation

of a Scale for University Students,**Journal of Vocational Behavior**,73,1-12.

43. Sherer,M.et al.,1982,The Self-efficacy Scale,**Psychological Reports**,53,899-902.,in:Pierce&New-strom,1995, **Leaders & The Leadership Process**,R.D.Irwin,175-177.

44. Schaubroeck,J.&D.E.Merritt,1997,Divergent Effects of Job Control on Coping with Work Stressors:The Key Role of Self-Efficacy,**Academy of Management Journal**,40,3,738-754.

45. Schermerhorn,R.Hunt,J.G.&R.Osborn,1988,**Managing Organizational Behavior 3rd ed**.,John Wiley&Sons.

46. Schmit,M.J.,Kihm,J.A.&C.Robie,2000,Development of a Global Measure of Personality,**Personnel Psychology**,53,153-193.

47. Tams,S.,2008,Self-directed Social Learning:the Role of Individual Differences,**Journal of Management Development**,27,2.

48. Tannenbaum,S.I. et al.,1991,Meeting Trainees' Expectations:The Influence of Training Fulfillment on the Development of Commitment,Self-Efficacy,and Motivation,**Journal of Applied Psychology**,76,6,759-769.

49. Tierney,P.&S.M.Farmer,2002,Creative Self-efficacy:Its Potencial Antecedents and Relationship to Creative Performance,**Academy of Management Journal**,45,6,1137-1148.

50. 氏原寛ほか共編、２００４年『**心理臨床大事典　改訂版**』培風館。

▶た

索　引

著者略歴

林　伸二（はやし・しんじ）

経営学博士（神戸大学）、青山学院大学名誉教授。元青山学院大学学長補佐（現副学長）。1946 年、佐賀県生まれ。
神戸大学大学院経営学研究科経営学専攻博士課程修了。
専門は組織心理学、組織変革論、戦略的人的資源管理論、リーダーシップ論。

【研究業績】
『自立力－思春期　青年期の問題と、その解決策－』（風詠社、2020 年 6 月）
『人と組織を変える自己効力』（同文館出版、2014 年）
『組織の存亡—いかに優れた人材を獲得するか－』（同文館出版、2012 年）
『人材育成原理』（白桃書房、2005 年）
『組織心理学』（白桃書房、2000 年）
『組織が活力を取り戻す』（同友館、1997 年）
『日本企業の M&A 戦略』（同文館出版、1993 年、1994 年度青山学院学術褒賞受賞）
『管理者行動論』（白桃書房、1987 年）
『仕事の価値』（白桃書房、1985 年、第 17 回経営科学文献賞受賞）
その他著書・論文、学会報告多数。

NPO 法人グローバル新世代イノベータ育成協会相談役。青山学院ヒューマン・イノベーション・コンサルティング株式会社取締役。

自信 －自己効力感を高め仕事に成功する秘訣－

2020年11月6日　第1刷発行

著　者　林　伸二
発行人　大杉　剛
発行所　株式会社 風詠社
〒553-0001 大阪市福島区海老江5-2-2
大拓ビル5 - 7階
TEL 06（6136）8657　https://fueisha.com/
発売元　株式会社 星雲社
（共同出版社・流通責任出版社）
〒112-0005 東京都文京区水道1-3-30
TEL 03（3868）3275
装幀　2DAY
印刷・製本　シナノ印刷株式会社

ISBN978-4-434-28174-7 C0037